BIBIAN MENTEL

LEEF

BIBIAN MENTEL

LEEF

Splint media

COLOFON

Samenstelling, tekst en redactie: Lutske Bonsma
Eindredactie: Sytske Scholze
Fotografie cover en boekenlegger: Ivo Geskus
Vormgever: Maarten de Boer
Vormgever cover: Ivo Geskus

ISBN: 978-94-93042-16-2
NUR: 402

Eerste druk september 2018
Tweede druk oktober 2018
Derde druk maart 2021
Vierde druk april 2021
Vijfde druk april 2021
Zesde druk mei 2021
Zevende druk september 2021

Dit is een uitgave van Splint Media B.V.
Uitgever: Bianca Krijnen-Splint & Dennis Krijnen
www.splintmedia.nl

INHOUD

VOORWOORD

Denk in mogelijkheden, niet in beperkingen.

In het jaar 2000, toen ik als valide snowboardster op het punt stond me te kwalificeren voor de Olympische Spelen van Salt Lake City, kreeg ik een agressieve vorm van botkanker. Bij dit type kanker helpt chemotherapie of bestraling niet. De artsen vroegen: "Hoeveel is jouw leven je waard?" Als ik wilde leven moest mijn rechteronderbeen geamputeerd worden.

Natuurlijk wilde ik blijven leven. Ik kon niet anders dan 'kiezen' voor amputatie. Helaas bleek dat niet afdoende en kwam de kanker vijftien keer terug. Elk slechtnieuwsgesprek was een klap in mijn gezicht, maar hoe diep het dal ook was, ik bleef positief. Ik wist dat ik met een positieve instelling de kanker niet kon overwinnen, maar het is gewoon fijner om positief te zijn. En het leven is veel te leuk om lang stil te staan bij tegenslagen.

Door mijn ziektegeschiedenis ben ik me er als geen ander van bewust dat het leven eindig is. Als ik bij alles wat mij overkomt in een hoekje ga zitten kniezen, maakt me dat niet blij. Integendeel: als ik alleen maar ga zitten kniezen, kan ik net zo goed al dood zijn. Ik kies voor het leven en ik geniet heel bewust ook van 'kleine dingen'. Samen met Ed wakker worden, Julian die thuiskomt en vertelt wat hij heeft meegemaakt, met het hele gezin knuffelen op de bank, de zon op mijn gezicht, de vogels die fluiten in de tuin. Er zijn zoveel dingen die mijn leven mooi maken.

De eerste vraag die ik stelde toen mijn onderbeen geamputeerd ging worden, was: komt dit steeds terug? Gaat dit mijn einde worden? De artsen zeiden: we hopen van niet. Helaas weet ik nu, na 21 jaar, 15 operaties en ruim 80 bestralingen later, dat ze er goed naast zaten. Pas geleden hoorde ik dat ik uitzaaiingen in de hersenen heb. Ik weet niet hoelang ik nog leef, maar zolang ik leef geniet ik, en maak ik nieuwe herinneringen. En nu schrijf ik de laatste bladzijden van dit boek; waarschijnlijk zal ik de gedrukte versie niet meer in handen krijgen.

De afgelopen jaren vroegen mensen mij vaak: 'Hoe kun je de strijd tegen kanker leveren en ook nog topsport bedrijven? Wat eet en drink je? Wat doet jouw stichting precies? En hoe kun jij, ondanks alle tegenslagen, zo positief in het leven blijven staan?'

Door mijn verhaal op te schrijven hoop ik deze vragen te beantwoorden en jou te inspireren. Als ik met dit boek maar één iemand help, dan vind ik het de moeite al waard.

Liefs, Bibian
Maart 2021

PROLOOG

De gouden race

14 maart 2014 - Mijn favoriete topje en mijn favoriete slip liggen klaar. Ik trek ze aan en denk: vandaag moet het gebeuren. In mijn hoofd heb ik de race al honderd keer gereden. Ik ken de *course* uit mijn hoofd; ik weet waar elk hobbeltje zit en ik weet precies wat ik moet doen. Maar toch...

Voor de race inspecteren we de baan nog een keer. Het is best warm, de zon schijnt en de bovenste laag sneeuw wordt zacht. Er staan sporen in de smeltende sneeuw. Ik hoop niet dat ze de baan nog gaan zouten. Als ze nu chemicaliën op de sneeuw gooien, wordt de bovenste laag een ijslaag. Dan ontstaat er een heel oneffen course. Shit, ik zie dat ze de baan toch gaan zouten. Dan moet ik straks extra opletten dat ik niet in een bevroren spoor terechtkom, zoals een fietser met zijn wiel in de tramrails. Het stadion zit vol. Een kakafonie van geluiden. We hebben nog nooit een vol stadion gehad bij onze wedstrijden. Omdat snowboarden een nieuw onderdeel is op de Paralympische Spelen in het Russische Sotsji, is er extra veel aandacht van de media. Overal staan camera's. Ik heb honderden World Cups gereden, maar nog nooit was er zoveel publiek. In het Olympisch dorp werd ik zelfs herkend door internationale journalisten. "Are you Bibian?", vroeg er één aan mij.

Edwin staat in de startzone. "Schat, wat is er met jou aan de hand?", vraagt hij. "Ik heb je nog nooit zo zenuwachtig gezien."
Hij kijkt me diep in de ogen. "Lieverd, doe wat je het beste kunt. Je bent het hele seizoen ongeslagen. Maak je geen zorgen. Doe de eerste run op negentig procent. Als je maar blijft staan. Blijven staan en genieten." Hij geeft me een kus en zegt: "Je kunt het, Bieb."
Het is goed dat Ed hier staat. Hij is mijn man en mijn coach. Hij kent me door en door. Met zijn kalmte en vertrouwen geeft hij mij rust en focus.

Dan ben ik aan de beurt. In de *start gate* veeg ik alle sneeuw van mijn snowboard. Dat is iets wat ik moet doen, een ritueel. Als ik mijn bindingen vastmaak, veegt Edwin de sneeuw al weg, maar ik moet het zelf nog een keer doen.
Oh, mijn God. Nu moet het echt gaan gebeuren. Ik heb altijd wel een gezonde wedstrijdspanning, maar nu ben ik voor het eerst echt zenuwachtig. Ik weet dat ik kan winnen. Als ik maar blijf staan. Vanochtend, in mijn laatste trainingsrun, ben ik gevallen. Dat maakt me extra nerveus. Ik ben altijd aanzienlijk sneller dan de andere dames. Maar ja, ik moet het nog wel even doen. Dan voel ik Edwins hand op mijn schouder. "Geniet, schat", zegt hij nog een keer en geeft me weer een kus.

Op het moment van het startschot hoor ik het publiek. Dertigduizend gillende mensen. Een brullende leeuw. Nog nooit was het zo hard en zo intens en nog nooit waren er zoveel mensen die alleen maar naar mij kijken. Ik weet dat ik live op tv ben. 'Focus Bibian', denk ik en ik slaak een diepe zucht.

Zodra ik uit de gate ben, zijn mijn zenuwen zo goed als weg. Ik herinner me Edwins opdracht. Niet te veel risico's nemen. Ik rijd gecontroleerd door de bochten. De bocht waar ik vanmorgen viel neem ik iets ruimer, zodat ik niet in sporen van mijn voorgangers terechtkom. Voor de sprongen rem ik een beetje af en ga ik iets minder door mijn knieën om de verzuring zo lang mogelijk uit te stellen. Het publiek wordt steeds luider. Nog één bocht, de moeilijkste. Ik kom hem goed door en ga recht op de finish af. Op de laatste sprong neem ik wat extra risico, want ik voel me goed en ik vertrouw op mijn ervaring. Over de finish kijk ik direct naar het scorebord en ik zie dat ik sneller ben dan de rest. De eerste stap is genomen. Ik ga me klaarmaken voor mijn tweede run.
Bij de tweede run ben ik een stuk relaxter. Ik neem wat meer risico, maar wel op een verantwoorde manier. Ik wil niet onderuitgaan, want dan komt alles op mijn laatste run aan. Bij onze discipline tellen de beste twee races. Als ik nu blijf staan, kan ik in mijn derde race volle bak gaan. Mijn tijd is onder de minuut, 58.59. Yes, de paralympische titel is zo goed als binnen. Na de eerste twee runs ben ik zes seconden sneller dan de rest. Ik heb gewonnen, tenzij een van de andere dames in de derde run zes seconden sneller is dan ik.

De derde run start ik als laatste. Als alle andere dames geweest zijn, beginnen hun coaches me al te feliciteren. Officieel heb ik al gewonnen. Deze run is meer een ererondje. Maar ondanks dat wil ik nog een goede run en een goede tijd neerzetten.
Ed zegt: "Nu is het echt alleen maar genieten. Volle bak gaan, schat. Laat zien wat je kunt." Ik ben meer ontspannen en ik geniet. Het gaat fantastisch. Mijn laatste run is de snelste. Mijn tijd is 58 seconden en 54 honderdste.

Als ik over de finish kom, gaan mijn armen de lucht in. Het stadion ontploft. Ik hoor en zie een enthousiaste menigte roepen, klappen, toeteren en fluiten. Fantastisch! Tim O'Brien, de *race director*, die zich net als ik heeft ingezet om het parasnowboarden op het paralympisch programma te krijgen, rent naar me toe.
"Ik ga als eerste de allereerste paralympisch kampioen parasnowboardcross kussen", roept hij glunderend.
"Een historische gouden medaille", hoor ik de omroeper zeggen.

Na de race word ik meegenomen naar de pers. De hele wereldpers staat klaar. Ik sta de ene na de andere journalist te woord en vertel tientallen keren hoe ik me voel. Hoe blij en gelukkig ik ben dat ik gewonnen heb. Nu ik een wereldwijd platform heb, grijp ik ook de kans om over mijn sport te vertellen. Waarom snowboarden een paralympische sport moet zijn. Dat ik graag aan kinderen met een lichamelijke beperking die thuis voor de buis zitten, wil laten zien dat zij dit ook kunnen. Dat ze nooit op moeten geven, altijd moeten blijven genieten en niet naar hun beperking, maar naar hun mogelijkheden moeten kijken. *It's all about Mentelity.* Het voelt fantastisch dat ik de boodschap die ik al zo lang kwijt wil, nu op wereldniveau kan vertellen. Dat ik iets voor de gehandicaptensport kan betekenen.
Terwijl ik de pers te woord sta, staan Chris en Merijn nog boven bij de start. Zij moeten hun race nog rijden. Lisa is al klaar, zij is zevende geworden. Een supergoede prestatie, want ze traint nog niet zo lang. Ed staat ook boven, bij Chris en Merijn. Als zij gestart zijn, komt hij meteen naar beneden. Julian stond in het publiek, maar een dame van de NOS heeft hem met haar accreditatie meegenomen naar de course, zodat ik hem even in mijn armen kan sluiten. Ik heb de Nederlandse vlag over mijn schouders en ik hoor hem roepen: "Mama! Ik ben zo trots op jou!" Ik til hem

op. Edwin slaat zijn armen om ons heen. We huilen alle drie. Onze tranen gaan over zoveel meer dan mijn gouden medaille en mijn sportieve prestatie. Dat is de kers op de taart. Het gaat om alles wat er in de afgelopen jaren gebeurd is. Toen ik naar de Paralympische Spelen mocht, had ik al gewonnen. Het feit dat we na acht jaar lobbyen eindelijk het parasnowboarden op het paralympisch programma hebben gekregen en dat ik op de Spelen sta met Chris, Lisa en Merijn. Drie atleten die we met onze stichting hebben opgeleid. Het is een reis die we met elkaar hebben gemaakt, en dat we hier met zijn vieren staan is fantastisch. De Spelen waren, voordat ik goud won, al een feestje. Het kon eigenlijk niet mooier. Natuurlijk wilde ik laten zien wat ik kan, maar als ik niet had gewonnen waren het nog steeds geslaagde Spelen geweest. Het is zo'n bekroning voor alles waarvoor we hebben gevochten. En alles wat er in de afgelopen jaren is gebeurd. Vijf keer kanker, mijn amputatie, de longoperaties. Het gaat om zoveel meer dan een gouden medaille en dat ik hier sta als atleet.

Ik kan niet lang bij Ed en Julian blijven, want ik moet naar de dopingcontrole en de bloemenceremonie. Iemand van het NOC*NSF komt naar me toe rennen met een telefoon in zijn hand. "Heb je even tijd voor de minister-president"?, vraagt hij. Ik ben stomverbaasd. Die Mark Rutte laat er ook geen gras over groeien.
"Gefeliciteerd", klinkt de opgetogen stem van Mark Rutte. "Heel Nederland is blij voor je."

Na de bloemenceremonie en de felicitaties van andere atleten, ga ik snel douchen en een schoon trainingspak aantrekken. Ik moet opschieten, want ik word zo op Medal Plaza verwacht voor de prijsuitreiking. Voordat ik de gouden medaille krijg uitgereikt, word ik naar een kamertje gebracht voor een interview met het Internationaal Paralympisch Comité (IPC).
"Sorry Bibian, we hebben een klein leugentje verteld. Je hebt geen interview, maar we hebben een verrassing voor je", klinkt het als ik het kamertje binnenloop. Er is een live Skype verbinding met mijn vader in Sri Lanka. Ons gesprek wordt op grote schermen in de zaal getoond. Wat een verrassing!
"Bieb, ik ben ontzettend trots op jou", zegt mijn vader met een

grote lach op zijn gezicht. Ik heb hem al een tijdje niet gezien. Wat fantastisch om hem er op deze manier ook bij te hebben. Mijn moeder en Rolf zijn hier ook ergens, maar ik heb ze nog niet gezien. Wat fijn om al mijn geliefden bij me te hebben.

De gouden medaille wordt uitgereikt door Rita van Driel, het Nederlandse bestuurslid van de IPC, met wie ik de lobby ooit gestart ben. Fantastisch dat juist zij mij de medaille omhangt. Als ik het podium afloop, kom ik weer in een haag van fotografen terecht. Iedereen wil mij met mijn gouden plak om mijn nek fotograferen. Buiten zie ik mijn moeder, Rolf, Edwin en Julian. Ze zijn door het dolle heen.

In de Hollandse Huiskamer - bij de Paralympische Spelen is geen Holland Heineken House - krijg ik een toespraak van de Chef de Mission André Cats. De sfeer is opgetogen, iedereen feliciteert me. Dan wordt Edwin onverwacht naar voren geroepen. Hij wordt uitgeroepen tot Gouden Coach. Super leuk!

's Avonds gaan we met zijn allen uit eten.
"Wanneer hoorde je eigenlijk dat je de vlag bij de openingsceremonie mocht dragen?", vraagt mijn moeder.
"De avond voor de openingsceremonie vroeg André of ik de volgende ochtend even naar de Hollandse Huiskamer wilde komen, antwoord ik. Hij had me nodig voor een persmoment, zei hij. Ik zei oké en de volgende ochtend kwam ik daar binnen en ik zag helemaal geen pers. Ik zag alleen André en die deed een beetje ongemakkelijk. Ik dacht dat er iets aan de hand was en ik schrok een beetje. Bibian, ik wil je iets vragen, zei hij. Zou jij tijdens de openingsceremonie de vlag willen dragen? Ik was opgelucht en zei: Natuurlijk, dat vind ik helemaal te gek. Ik was zo zenuwachtig, lachte André. Het klinkt misschien stom, maar ik heb mijn vrouw nooit ten huwelijk gevraagd. Zij heeft mij gevraagd en het voelde voor mij nu bijna alsof ik jou ten huwelijk ging vragen. Toen moesten we allebei erg hard lachen."

Ik mocht dus tijdens de openingsceremonie de vlag dragen en tijdens de sluitingsceremonie gebeurt er ook nog iets bijzonders. Een week geleden zei André tegen mij dat mensen van de Whang Youn Dai Achievement Award me wilden interviewen. Whang

Youn Dai is een Koreaanse dame die als eerste vrouwelijke, mindervalide persoon kinderarts is geworden. Dat is bijzonder, want in Zuid-Korea werden kinderen met een beperking uit het zicht gehouden en - bij wijze van spreken - in het kippenhok opgesloten. Whang Youn Dai vindt het, net als ik, belangrijk dat mindervalide kinderen sporten. Door te sporten is zij zelfverzekerder geworden. Ze zet zich in voor paralympische sporten en daarom is de award in het leven geroepen. Tijdens de Paralympische Spelen reikt ze aan een sportman en een sportvrouw, die zich naast hun eigen sportcarrière inzetten voor kinderen met een lichamelijke beperking, de Whang Youn Dai Achievement Award uit. Het NOC*NSF heeft mij als kandidaat opgegeven. Tijdens de sluitingsceremonie worden de Australiër Toby Kane en ik naar voren geroepen en krijgen we in het bijzijn van 65.000 mensen deze prestigieuze award uitgereikt.

De volgende avond zit ik in het televisieprogramma Pauw. Ik ben moe, heel erg moe. Vanmiddag ben ik teruggekomen uit Sotsji. Er was een ontvangst met veel pers op Schiphol. Lachen, foto's maken, vragen beantwoorden, handtekeningen uitdelen aan fans. Nog meer foto's maken. Daarna reden we naar huis, ik ging snel douchen en mijn paralympisch tenue aantrekken. Ik pakte mijn gouden medaille en ging weer terug naar Schiphol. Mijn moeder, Rolf en Julian landden een paar uur na ons toestel en ik wilde Julian nog even zien en een knuffel geven voordat ik naar de studio van Pauw reed.

Tijdens de uitzending ben ik echt heel erg moe en ik zak een beetje weg als het gesprek een tijdlang over politiek gaat. Mark Rutte zit ook aan tafel.
Hij buigt naar me toe en zegt: "Ik vind het veel leuker om jou over de Paralympische Spelen te horen vertellen, dan dat wij over politiek praten."

Om één uur 's nachts rijd ik van de studio naar huis. Ik ben kapot. Edwin zit op me te wachten, hij heeft natuurlijk ook naar Pauw gekeken en zegt hard lachend: "Ik zag dat je moe was. Op een gegeven moment was je niet veel meer in beeld. Ik denk dat dit bewust was. De cameraman heeft vast gezien dat je bijna zat te slapen."

Een maand lang krijg ik heel veel aandacht. Er is een huldiging in mijn woonplaats Loosdrecht, in de Grote Kerk in Den Haag en ik word op Paleis Noordeinde ontvangen door Koning Willem-Alexander. Prinses Margriet en Pieter van Vollenhove zijn er ook. Prinses Margriet is al heel lang beschermvrouwe van de IPC. Ik vind haar zo'n schatje. De allereerste keer dat ik haar sprak, kreeg ik haar onverwacht aan de telefoon. Hoe moet ik haar aanspreken?, schoot door mijn hoofd. Wat is het protocol? Maar zij is heel relaxt en Pieter van Vollenhove is echt heel grappig. Tijdens de ontmoeting op Paleis Noordeinde vertel ik hem wat ik vroeger als valide sporter altijd bij wedstrijden deed.
"Als we aan de start stonden en iedereen was volledig geconcentreerd, zei ik: *Ladies, good luck to all of you*. Daarmee haalde ik hen uit hun concentratie."
Pieter grijnst en zegt uit de grond van zijn hart: "Jij, kreng."
Iedereen lacht.

Ja, ik wil

1 januari 2012 - Klokslag middernacht op de Magere Brug in Amsterdam, vergezeld van honderden oorverdovende knallen, vraagt Edwin me ten huwelijk. Ik ben compleet verrast, maar natuurlijk antwoord ik 'ja' op de vraag of ik de rest van mijn leven met hem wil delen. Wat een fantastisch begin van het jaar!

"Ik wil klein trouwen", zeg ik.
"Dat is prima", reageert Edwin.
Ik noem de mensen die ik graag zou willen uitnodigen. Edwin schrijft de namen op en begint heel hard te lachen.
"Dat is niet echt klein", zegt hij. "Alles bij elkaar zijn het bijna driehonderd mensen." Na lang wikken en wegen en wegstrepen komen we op honderd personen uit.

Een paar maanden voor onze huwelijksdag gaan we op zoek naar een locatie. We bekijken verschillende feestgelegenheden en merken dat het schreeuwend duur is als we zeggen dat het om een bruiloft gaat. Ik vind het zonde om voor één dag zoveel geld uit te geven.

"Waarom trouwen we niet in de tuin?", stelt Edwin voor. Ik vind het een heel goed idee. Kleine uitdaging: we zijn ons huis drastisch aan het verbouwen. Alleen de muren staan overeind en de achtertuin ligt vol bouwmaterialen, bouwafval en andere troep. We zullen nog het nodige in huis moeten doen en we moeten de tuin grondig opruimen voor de grote dag. Om in de tuin te trouwen is ook een vergunning van de gemeente nodig. Een maand voor de bruiloft komen twee ambtenaren naar onze trouwlocatie kijken.
"Weet je zeker dat je hier wilt trouwen?", vraagt de ene terwijl ze fronsend naar onze 'bouwplaats' kijkt.
Ik antwoord bevestigend. De vergunning wordt verleend.

Drie weken voor de bruiloft belt mijn vriendinnetje Meriyem.
"Bieb, wat ga je eigenlijk aantrekken?", vraagt ze.
"Uh, daar heb ik nog helemaal niet over nagedacht."

"Heb je zaterdag iets te doen? Dan gaan we jurken kijken. Ik stuur je alvast een catalogus met bruidsjurken. Dan kun je zien wat er zoal te koop is."

Een dag later bestudeer ik de catalogus en ik voel me diep ongelukkig. Ik heb ooit geroepen dat ik in een wit zwierig jurkje op blote voeten op het strand wil trouwen. Dat is wel iets anders dan de jurken met veel kant, franjes en tierelantijnen die in de catalogus staan. Daar zie ik mezelf echt niet in lopen.
Die zaterdag gaan we naar de stad. Bij de eerste bruidswinkel vraagt de verkoopster: "Wie gaat er trouwen? En wanneer is de grote dag?"
"Ik ga trouwen. Op 21 september", zeg ik.
Verkoopster: "Volgend jaar, hoop ik."
Ik: "Nee, over drie weken."
Verkoopster: "Oh, sorry. Dan kunnen we je niet helpen. We krijgen hier bruiden die over anderhalf jaar trouwen. Drie weken is veel te snel. Tenzij je hier in de winkel een jurk vindt die jou past."
Ik pas verschillende jurken. Ook een paar ontzettende *over the top*-gewaden, waarvan we van tevoren al weten dat ik die niet wil. Maar we zijn hier nu toch, dan kunnen we net zo goed even lekker lol maken. Na een middag passen weet ik welk model ik wil. Ik bestel online een eenvoudige witte, luchtige, strapless jurk die snel geleverd kan worden.
"Je kunt van mij een lange sluier lenen", zegt Meriyem.
"Super."
"Wat ga je eigenlijk met je haar doen?", vraagt ze vervolgens.
Ook daar heb ik nog niet over nagedacht.
"Ik maak wel een afspraak voor je, bij een goede kapper in Amsterdam", zegt ze.

Op 21 september is het zover. Het heeft de hele week geregend en ik maakte me grote zorgen over ons huwelijk in de openlucht. Ed zei steeds: "Schat, maak je geen zorgen. Ik heb mooi weer besteld."
Als ik op onze huwelijksdag wakker word, open ik gespannen de gordijnen. Gelukkig, de lucht is strakblauw.
We hebben onze bouwplaats opgeruimd en er staat een grote tent in de tuin. Gisteren is het toilet in ons huis afgemetseld.

Op de hele begane grond ligt een nieuwe vloer, die we hebben afgedekt met een groot stuk knalroze tapijt. Er is een bar, een loungegedeelte en buiten staat een barbecue met een buffet.

Eds dochter Annabella heeft de bruiloftstaart gemaakt. Hij bestaat uit drie lagen en is versierd met roosjes van marsepein. Bovenop heeft ze een uitgeknipt fotootje van Ed en mij gezet. Prachtig! Mijn moeder is mijn getuige, mijn zoon Julian geeft mij weg en Annabella en haar tweelingzusje Laila overhandigen de ringen.
Edwin heeft zich omgekleed bij zijn ex. Ik hoor later dat hij onze trouwringen bij haar op het aanrecht had laten liggen. Toen Ed dat door had, is de vriend van zijn ex als een speer naar hun huis geracet om de ringen op te halen. Hij was net op tijd om ze aan de tweeling te overhandigen. Edwin heeft onze trouwringen ontworpen en bij een bevriende goudsmid laten maken. Ze zijn wat breder dan standaard en op de ringen staat de tekst *If you ever have a bad day, remember I love you* gegraveerd. Eds ring is van zilver; de mijne van goud.

Mijn nicht is Buitengewoon Ambtenaar van de Burgerlijke Stand en zij gaat ons in de echt verbinden. Dat vinden we allebei heel bijzonder. Ze is mijn enige nichtje en als kind heeft ze regelmatig op mij gepast. Ze noemde me altijd haar kleine zusje. Dat zegt ze ook in haar speech.

Na de huwelijksplechtigheid houdt mijn schoonvader een prachtige speech en vervolgens is mijn moeder aan de beurt. Ze heeft niks voorbereid, maar na twee glazen champagne zegt ze wat in haar opkomt. Ze eindigt met: “Als je mijn dochter doet lachen heb je aan mij de liefste schoonmama, maar wee je gebeente als je haar doet huilen…” Gelukkig kunnen Ed en mijn mamsie heel goed met elkaar overweg. Qua karakter lijken ze best veel op elkaar. Ze zijn allebei nogal aanwezig en ze zijn heel erg overtuigd van hun eigen mening, en daarvan proberen ze anderen te overtuigen. Het gaat er zo nu en dan hard aan toe als zij discussiëren. Tijdens zo’n discussie kijken ze op een gegeven moment naar mij en zien ze dat ik het echt niet leuk vind. “*We agree to disagree*”, zegt mijn moeder dan. Ze stoppen met discussiëren, want ze zullen het toch niet eens worden. Dat discussiëren vinden ze gewoon allebei leuk. Ed noemt haar de allergrootste lieverd van de hele wereld. Dan is het goed, toch?!

Na de speeches gaat de muziek aan en we kletsen, eten, drinken en dansen. Gelukkig houdt iedereen zich aan ons verzoek om geen sketches te doen.

Mijn vader is er vandaag niet. Hij woont al twintig jaar in Sri Lanka en is sinds zijn vertrek niet meer in Nederland geweest. Ik heb hem een tijdje geleden gebeld en gevraagd of hij van plan was naar ons huwelijk te komen. Ik dacht dat zijn komst een vreemde situatie zou opleveren, omdat hij vandaag voor het eerst in twintig jaar mijn moeder weer zou zien. Ik wilde weten hoe hij erover dacht.

Mijn ouders zijn allebei in Indonesië geboren; maar mijn vader is opgegroeid in Sri Lanka. Hij wilde terug naar zijn roots en ging naar Indonesië, maar daar vond hij niet wat hij zocht. Vervolgens ging hij een keer op zakenreis naar Sri Lanka en daar voelde hij zich heel erg thuis. Vanaf dat moment wilde hij daar wonen. Hij kocht er een tweede huis en liet dat verbouwen. De verbouwing liep niet helemaal goed en hij ging ernaartoe om de bouw te begeleiden. De bedoeling was dat hij na een maand of drie terug zou komen.

Het huwelijk van mijn ouders liep al tien jaar niet zo goed en toen mijn vader wegging, dacht mijn moeder: dat wordt een zeemanshuwelijk. Hij zit een paar maanden daar, dan ga ik hem opzoeken en dan zijn we weer een tijdje alleen. Zij wilde niet permanent in Sri Lanka wonen en mijn vader wilde niet meer permanent in Nederland wonen. Op een gegeven moment zei mijn vader tegen mijn moeder: "Maude, kom je hier naartoe? Hier kunnen we in rijkdom leven. Je kunt heerlijk aan het zwembad liggen en je hebt bedienden die alles voor je doen. Wat wil je nog meer?" Maar mijn moeder wilde dat helemaal niet. Ik was negentien en ik ging rechten studeren in Amsterdam. Mijn moeder wilde bij mij in de buurt zijn.

Ze zei: "Ik ga mijn kind niet achterlaten. Ik heb er maar één en dat is mijn allessie. Als er iets met haar is, wil ik meteen naar haar toe kunnen rijden en niet eerst veertien uur in een vliegtuig zitten. Blijf jij maar daar, ik blijf hier." Ze heeft de scheiding aangevraagd en ze zijn nu twintig jaar gescheiden.

Mijn moeder heeft sinds negen jaar een relatie met Rolf, haar tien jaar jongere prins, zoals ze hem noemt. Mijn vader is getrouwd met een Sri Lankaanse die zes jaar ouder is dan ik. Ik heb een halfzusje dat een half jaar ouder is dan Julian. Als mijn vader gekomen was, zou zijn vrouw ook meegegaan zijn. Het idee van hun ontmoeting met mijn moeder gaf me veel stress. Ik wilde geen ongemakkelijke situatie creëren. Het leek mijn vader ook beter om niet aanwezig te zijn. Hij heeft vanochtend gebeld en Edwin en mij een fantastische dag en een mooie toekomst gewenst. Ed en ik gaan snel een keer bij hem op bezoek om ons huwelijk met hem te vieren.

Ed en ik hebben sinds zeven jaar een relatie. We kennen elkaar al heel lang van het wakeboarden, een vorm van waterskiën die is voortgekomen uit het snowboarden. We hebben gezamenlijke vrienden. Op het feestje voor mijn vierendertigste verjaardag sloeg de vonk over. Al snel brachten we veel tijd samen door en leerde ik ook zijn dochters Laila en Annabella kennen. Julian was twee en een half jaar toen Ed en ik een relatie kregen. Hij en Juul kunnen heel goed met elkaar overweg. Ze houden beiden van knuffelen, maar ze stoeien ook als kerels, draaien elkaars tepels om en schoppen in elkaars ballen. Laila, Annabella en ik kunnen daar alleen maar met verbazing naar kijken. Meisjes doen zulke dingen niet!

Toen Ed en ik een relatie kregen, had ik net gehoord dat ik voor de vierde kanker had en dat ik voor de tweede keer een longoperatie moest ondergaan. Voor Edwin was dat natuurlijk ook erg schrikken. Wil ik een relatie met een vrouw die misschien niet heel lang te leven heeft, vroeg hij zich af. Maar hij was al te ver heen, vertelde hij me later. Te verliefd op mij. Edwin was enorm bezorgd om mij en wilde zoveel mogelijk tijd samen doorbrengen. Voor mij voelde dat enorm verstikkend. Alsof hij me claimde. We zijn toen even uit elkaar geweest, maar na twee weken kwam hij bij me terug. Hij vertelde dat hij uit eten was geweest met een goede vriend, die hem een spiegel had

voorgehouden. Die vriend had gevraagd: "Ed, wat zou jij willen als je morgen te horen krijgt dat je nog maar een jaar te leven hebt? Zou je dan alleen maar tijd met Bibian willen doorbrengen?"
"Nee dan zou ik zoveel mogelijk tijd bij mijn ouders, mijn broers, mijn vrienden en ook bij Bibian willen zijn", had hij geantwoord. Nog diezelfde avond stond hij met een grote bos bloemen voor mijn deur. En sindsdien groeien we alleen maar dichter naar elkaar toe.

Edwin is iemand die plannen maakt en vooruitkijkt. Door mijn ziekte heb ik een tijdlang niet vooruit durven kijken. Na mijn amputatie keek ik niet verder dan twee jaar vooruit. Ik vond het heel moeilijk om op mijn lijf te vertrouwen en ik leefde heel erg bij de dag. Ik ben nu vier jaar kankervrij en nu pas durf ik weer wat verder vooruit te zien. Voor mij betekent het dan ook heel veel dat ik het vertrouwen heb om ja, ik wil de rest van mijn leven met jou doorbrengen, tegen Edwin te zeggen.

Daarnaast had mijn vertrouwen in mannen een behoorlijke knauw gekregen. Mijn vader is naar de andere kant van de wereld vertrokken toen ik negentien was en Pep, de vader van Julian, beëindigde onze relatie toen ik voor de derde keer kanker had en onze zoon nog geen twee jaar was. De scheiding van Pep kwam harder aan dan het hebben van kanker. Het voelde als een heel groot falen. In die tijd vroeg ik me af of ik überhaupt ooit nog een relatie zou krijgen. Wie wil er nu een vrouw, een ongehuwde moeder die een onderbeen mist en al drie keer kanker heeft gehad, dacht ik toen.

Mensen vragen weleens of ik niet samen met Ed een kindje had gewild. Daar hebben we het wel over gehad. Toen we een relatie kregen was ik vierendertig jaar. Wat dat betreft had het gekund. Het zou natuurlijk fantastisch zijn om samen een biologisch kind te hebben, maar samen hebben we nu al drie kinderen. Die zijn hartstikke dol op elkaar. Als we een keer een weekend ruilen en Julian is bij zijn vader, dan zijn Laila en Annabella echt teleurgesteld. Ze kunnen zó goed met elkaar opschieten. Het zou een risico zijn om er een vierde kind bij te hebben. Hoe zou dat kind passen bij de andere drie? Zou het de balans verstoren? Juul is geen enig kind meer. Als hij bij zijn vader is, heeft hij zijn

halfbroertje Jibbe. Als hij bij ons is - dat is tien van de veertien dagen - heeft hij twee zussen. En een aantal dagen per week is hij hier als enig kind. Hij heeft van alles wat.
Ook was er een praktisch probleem als we samen een kind zouden krijgen. Als wij nu voor het snowboarden op reis zijn, gaan de kinderen naar hun andere ouder. Ze hoeven niet naar een oppas. Als we een kind van ons samen zouden hebben, zou die wel naar een oppas moeten.
"Bovendien", grapt Ed altijd als hij vertelt waarom we geen kind samen hebben: "Bieb heeft een brede neus en ik heb een grote neus. Dat kun je een kind niet aandoen. Dat kind wordt één en al neus."

Maar eerlijk gezegd is de belangrijkste reden om geen kind samen te willen mijn gezondheid. Ik vind dat ik minimaal moet leven tot mijn kind volwassen is. Tot Juul achttien jaar is. Ik hoop natuurlijk dat het langer is, maar dat vind ik minimaal. Als ik samen met Ed nog een kind zou willen, moet ik het ook volhouden tot dat kind achttien is. Het klinkt misschien raar als ik dat zo zeg, voor de levensgenieter die ik ben, maar zo voelt het voor mij. Geen enkele ouder kan natuurlijk garanderen dat die leeft tot zijn of haar kind volwassen is, maar bij mij is de angst en het risico wel heel erg groot. Ik heb vijf keer kanker gehad: twee keer in mijn been en drie keer in mijn longen, en voor mij is dat de reden om niet nog een kind te willen. We zijn gezegend met drie prachtige, gezonde kinderen die dol op elkaar zijn. We zijn een heel mooi gezin. Moeten we dan nog meer willen?

De eerste jaren waren het moeilijkst voor Ed en mij. Natuurlijk hebben we nog weleens strubbelingen, maar we hebben geleerd om de focus te leggen op de dingen die we leuk vinden aan elkaar. Verder willen we allebei zoveel mogelijk genieten, van elkaar, van onze kinderen, van familie, vrienden en van het leven. En we hebben afspraken als: dit is jouw ding, daar bemoei ik me niet mee. En dit is mijn ding, daar bemoei jij je niet mee. Ik heb hiervoor drie lange relaties gehad. Vier jaar met Roy, mijn eerste vriendje. Vijf jaar met Frank, mijn eerste snowboardliefde, en vijf jaar met Pep. Bij mijn vorige relaties was het begin fantastisch, maar ieder jaar werd het een beetje minder leuk en na vijf jaar was de koek op. Nu is het andersom. Het begin was lastig en nu vinden we het ieder jaar leuker worden samen. Ed is een ontzettende lieverd. Zijn steun en toewijding zijn groot. We kunnen samen lachen en samen huilen. Hij is echt mijn maatje. Er is geen ander met wie ik in het huwelijksbootje zou willen stappen.

Ik pak een glas water en hoor Ed aan een vriend vertellen waarom hij verliefd op mij werd. "Toen ik haar voor het eerst zag, dacht ik: wat een lekker wijf. En wat een prachtig mooie lach. Nu ik haar langer ken vind ik haar nog steeds een lekker wijf, haar lach is nog steeds prachtig en ik houd van haar om wie ze is. Ze is lief en aardig tegen iedereen. Of het nu een directeur is of een schoonmaakster. Iedereen krijgt dezelfde warme aandacht van haar. Ik heb veel van Bieb geleerd. Door haar ben ik een gelukkiger en beter mens geworden."

Ed ziet dat ik meeluister en zegt met iets hardere stem en diep zuchtend: "Wat ik vervelend en irritant vind aan Bieb? Dat is eigenlijk weinig. Behalve dat ze lui is en dat ze niet van opruimen houdt. Ze kan geen jassen of schoenen weggooien. Op haar kapstok, die eigenlijk geschikt is voor twaalf jassen, hangen er zestig. Ik heb laatst alle jassen eraf gehaald en op bed gelegd, zodat ze kon kijken welke weg konden. Keek ze naar die hoop jassen en zei ze: "Waar heb je die jas vandaan? Die zocht ik laatst."

Ik lach en zeg: "Oké, ik geef toe dat ik niet super netjes ben, maar mag ik even vertellen over de eerste keer dat ik met Ed naar huis ging?"
"Graag, Bieb", reageren zijn vrienden.
"Ed vindt mij een enorme sloddervos en dat is ook geen wonder als je weet hoe zijn huis eruitzag voordat wij een relatie kregen. Hij was super netjes en zijn kledingkasten...dat was echt *the limit*. Hij had drie kledingkasten. Dat is al best veel voor een man, toch? Maar de indeling! Hij had een kast met witte en heel lichte kleding. Een kast voor kleur en eentje met donkere en zwarte kleding. Die drie kasten waren ook nog eens op precies dezelfde manier ingedeeld. Als ik het goed onthouden heb, lagen op de bovenste plank links zijn T-shirts met korte mouw, in het midden T-shirts met lange mouw en rechts vestjes en truien. Daaronder links overhemden met korte mouwen, in het midden

overhemden met lange mouwen en rechts broeken en blazers. Alles was precies even breed opgevouwen. Of het nu een dikke wintertrui of een T-shirtje met korte mouwen was. Dat zag er echt creepy uit."

"Gast, dat is niet normaal", roept een van zijn vrienden. "Heb je weleens therapie overwogen om daar vanaf te komen?"

"Nee, ik heb een relatie met Bibian", antwoordt Edwin. En met een olijke blik naar mij: "En nu lijken mijn kasten steeds meer op die van haar."

Een nieuw been

Laatst sprak ik iemand en ik vroeg hem: "Wat denk je als je iemand met een beperking ziet?"
Hij antwoordde: "Dat vind ik zielig."
Ik zei: "Maar ik ben toch niet zielig?"
"Oh nee, dat is zo", antwoordde hij.

Toen ik zevenentwintig was, werd mijn rechteronderbeen geamputeerd. Artsen in het Leids Universitair Medisch Centrum constateerden voor de tweede keer in korte tijd een zeer agressieve vorm van botkanker in mijn been. Ik was in shock. Ineens realiseerde ik me dat ik kanker had en dat dit ernstig was. Heel anders dan de eerste keer, vijf maanden daarvoor. Toen had ik last van een blessure die maar niet over ging. Ik liet me onderzoeken en kreeg te horen dat er een kwaadaardige tumor op mijn scheenbeen zat. Ik had botkanker en ik dacht: dit is heel vervelend, maar het komt me nu vooral niet uit. Terwijl mijn moeder bijna flauwviel van schrik, dacht ik: shit, ik heb volgende week een trainingskamp en volgend seizoen kan ik me kwalificeren voor de Olympische Spelen in Salt Lake City.
Het woord kanker kwam niet echt bij me binnen en al helemaal niet dat je daar dood aan kon gaan. De tumor werd uit mijn scheenbeen verwijderd en de lege plek in mijn bot werd opgevuld met donorbot. Ik mocht mijn been vijf maanden niet belasten en om toch te blijven sporten ging ik elke dag zwemmen. Na vijf maanden onbelast door het leven gaan, kreeg ik toestemming om weer te gaan trainen.

Vrijwel direct werd mijn enkel dik en had ik enorme pijn. Kort daarna bleek uit een scan dat er weer actieve tumorcellen op mijn bot zaten. De kanker, met de naam clearcell chondrosarcoom, was terug. Wat een enorme tegenvaller!
De artsen maakten een plan van aanpak. Dat hield in dat ik geopereerd ging worden en dat twaalf centimeter bot met daarin de tumor verwijderd zou worden. Vervolgens hadden ze een plan om het bot weer aan elkaar te laten groeien, maar op het laatste moment ging de operatie niet door. Mijn arts,

professor Taminiau, wilde namelijk nog één keer goed kijken of er uitzaaiingen waren. Als dat het geval was, had het weinig zin om de operatie door te zetten. De kans was dan groot dat mijn onderbeen later alsnog geamputeerd moest worden.
Helaas bleek dat er niet alleen kanker in het bot zat, maar ook in het botvlies. Dat maakte de kans op verdere uitzaaiing groot. Professor Taminiau vroeg of ik door wilde gaan met de geplande operatie of dat ik mijn rechteronderbeen, net onder de knie, wilde laten amputeren. Daarmee zou ik de grootste overlevingskans hebben.

"Hoeveel is jouw leven je waard, Bibian?", vroeg hij. Ik kreeg twee dagen de tijd om over deze vraag na te denken. Ik heb veel gehuild en gepraat met mijn moeder en mijn toenmalige vriend Pep. Wat voor keuze had ik? Wilde ik leven, dan moest mijn onderbeen eraf. Deed ik dat niet, dan was de kans op uitzaaiingen groot en zou ik continu in onzekerheid leven of de kanker terugkwam. Ik kon niet anders dan 'kiezen' voor amputatie.

Ik heb afscheid genomen van mijn voet en mijn onderbeen. Ik keek naar mijn voet, mijn hak, mijn tenen, mijn enkel en mijn kuit. Ik raakte ze aan, ik bewoog ze. Ik maakte foto's en ik huilde. Ik moest niet alleen afscheid nemen van mijn onderbeen, maar ook van het leven zoals ik het kende. Ik was op dat moment zes keer Nederlands kampioen snowboarden op de onderdelen halfpipe (een soort sneeuwkuil met vijf meter hoge wanden, waarin je van de ene naar de andere kant glijdt en hoge sprongen boven de wanden uit maakt) en snowboardcross, waarbij je met vier of zes snowboarders een afdaling over een parcours met scherpe kuipbochten, springschansen en andere van sneeuw gebouwde hindernissen rijdt. Ik stond zesde op de wereldranglijst en ik stond op het punt me te kwalificeren voor de Olympische Winterspelen van Salt Lake City in 2002. Ik moest accepteren dat ik de rest van mijn leven mijn rechteronderbeen moest missen en dat mijn sportieve droom in één klap voorbij was. Het boek van Bibian met twee benen ging dicht.

De eerste weken na de operatie was de pijn vreselijk. Ik had kramp en ik voelde felle steken, alsof er 220 volt door mijn been ging. De tenen van mijn rechtervoet jeukten, ik wilde erover wrijven, maar ik had helemaal geen tenen meer. En ook geen voet. Ik had fantoompijn! Mijn arts vertelde dat mijn hersenen reageerden als een soort telefooncentrale die naar mijn voet belde. De centrale wist niet dat het telefoonnummer niet meer bestond en bleef maar signalen uitzenden. Daardoor voelde ik steeds steken. Mijn brein moest verwerken dat mijn onderbeen en mijn voet er niet meer waren. Ik kreeg antidepressiva om mijn zenuwstelsel min of meer stil te leggen, waardoor er niet meer naar mijn tenen 'gebeld' werd. Na een maand pillen slikken, had de centrale het bericht verwerkt en voelde ik geen steken meer in mijn tenen. Toch kan ik nu, meer dan twintig jaar na mijn amputatie, nog steeds mijn tenen, de bal van mijn voet en mijn hak voelen. Als ik in gedachten mijn tenen beweeg, voel ik dat ook.

Een maatschappelijk werkster, met wie ik een aantal gesprekken had, zei tegen me dat ik als een topsporter omging met mijn amputatie. Dat het leek of ik het verlies van mijn been zag als het verlies van een wedstrijd. Alsof ik dacht: deze wedstrijd heb ik verloren. Ik moet de knop omzetten en me voorbereiden op mijn volgende wedstrijd.

Mijn moeder zegt altijd dat ik in elke sport die ik heb gedaan meteen goed was. Turnen, paardrijden, tennis, skiën. Ik heb allerlei sporten gedaan. Ik kan nu eenmaal moeilijk stilzitten en vind sporten en bewegen heerlijk. Mijn ouders namen me als klein meisje al mee naar de bergen. Toen ik drie jaar was, stond ik voor het eerst op ski's. Mijn moeder hield me vast en tussen haar benen gleed ik over de krakende sneeuw. In die tijd waren er weinig kinderen die skieden. Er was niet eens skikleding in kindermaten te koop. Mijn moeder naaide die voor me. Ik heb jarenlang elke winter geskied, totdat ik in aanraking kwam met snowboarden.

Mijn toenmalige vriendje Roy deed aan snowboarden en hij daagde me uit om dat ook te proberen. Het leek mij helemaal niks, maar ik sloot een deal met hem: "Als jij een week met mij gaat skiën, ga ik met jou een week snowboarden. Dan kunnen we elkaars sport ervaren." Na die week was ik helemaal verkocht aan snowboarden. Ik vond het fantastisch. Dat je met twee benen op een board staat en je balans moet bewaren, terwijl je op hoge

snelheid scherpe bochten rijdt en allerlei sprongen maakt. Het gaf me een enorme kick.
Ik vond snowboarden zo leuk dat ik al snel de ambitie had om beter te worden. Ik vind het leuk om nieuwe dingen te leren en die wil ik dan ook heel goed doen. Ik ben fanatiek en ik wil winnen. Dat heb ik van mijn ouders. Mijn vader was enorm fanatiek. Hij vond dat je altijd het beste uit jezelf moet halen. Mijn moeder is 78 en ze zeilt nog steeds wedstrijden. Daarin is zij ook enorm gedreven. Als ze bij een boei geen voorrang krijgt en daar wel recht op heeft, zet ze haar boot dwars voor een andere boot. Ze deed een keer mee aan een zeilwedstrijd en een mannelijke deelnemer, met een heel grote boot, dacht: Dat vrouwtje wijkt wel, maar dat deed ze niet. Het gevolg was een enorme botsing! Sindsdien zeggen andere deelnemers aan zeilwedstrijden: "Pas op voor Maude. Als ze voorrang heeft, dan neemt ze het."

Ik wilde kijken hoever ik zou komen met het snowboarden, maar ik was net rechten gaan studeren en mijn ouders stonden natuurlijk niet te springen van enthousiasme toen ik daarmee wilde stoppen om fulltime te gaan snowboarden. Met mijn moeder heb ik echter al jaren de afspraak dat we, als we het ergens niet over eens zijn, met elkaar praten en dat degene die het beste argument geeft, de discussie wint. De ander moet dan toegeven.
Ik zei: "Mam, ik wil stoppen met studeren en fulltime gaan snowboarden."
"Bieb, doe dat nu niet. Je kunt beter na je studie gaan snowboarden."
"Nee, dan ben ik te oud."
"Schatje, ga gewoon studeren en in je vakanties snowboarden."
"Nee, dat kan niet. Als ik de top wil bereiken moet ik meer trainen dan alleen in de vakanties."
"Schat", zei mijn moeder, terwijl ze me triomfantelijk aankeek omdat ze dacht het winnende argument te hebben. "Als je veertig bent kun je wel je brood verdienen met rechten, maar niet met snowboarden."
Toen zei ik: "Mam, je hebt volkomen gelijk, maar als ik mijn leven moet leiden met het idee dat ik de top had kunnen bereiken en ik heb het niet geprobeerd... Zo'n leven wil ik niet leiden."
Mijn moeder keek me aan met een blik van: 'hè, dat is balen, daar

kan ik niet tegenop.' En ze zei dat ik mocht gaan snowboarden. Ze vond wel dat ik eerst mijn propedeuse moest afronden. Als ik die had, zou ik eventueel later gemakkelijker een studie kunnen oppakken.
Daar kon ik me in vinden. Ik heb mijn propedeuse afgerond en ben vervolgens naar Oostenrijk afgereisd. Daar heb ik een opleiding gedaan om snowboardles te geven. Zo verdiende ik geld en kon ik zelf ook zoveel mogelijk op een board staan en beter worden. Ik had het niet breed en ik at - met mijn snowboardvrienden - meestal goedkoop blikvoer, maar ik was in de bergen en ik genoot. Vaak nam ik 's ochtends de eerste skilift naar boven. Dan was de sneeuw nog te hard om af te dalen en zat ik uren om me heen te kijken. De stilte, de wind, de wolken die over de bergtoppen raasden. De zon die fonkelde op de sneeuw. Bergtoppen zover ik kon kijken. De maagdelijk witte piste waar nog geen sporen in waren gemaakt. Vervolgens ging ik zelf mijn pad in de sneeuw maken, de bergen bedwingen.

De winter daarna ging ik met mijn toenmalige vriendje Frank naar Zwitserland. Door de week gaven we snowboardles en in het weekend namen we deel aan regionale wedstrijden. Aan het einde van het seizoen werd ik tweede op het Nederlands Kampioenschap en niet veel later nam ik voor het eerst deel aan een internationale wedstrijd.
Op het moment dat ik mijn rechteronderbeen kwijtraakte was ik zes keer Nederlands kampioen op de onderdelen halfpipe en snowboardcross. En ik stond zesde op de wereldranglijst.

Drie maanden na de amputatie kreeg ik een prothese aangemeten. Ik had voor de operatie al een gesprek met een prothesebouwer aangevraagd. Ik wist dat ik mijn been ging verliezen en ik dacht al snel: ik kan mezelf zielig vinden en in de put praten, maar wat schiet ik daarmee op? Ik vroeg me af hoe mijn toekomst zonder onderbeen eruit zou zien en wat mijn mogelijkheden waren. Zou ik weer 'normaal' kunnen lopen? Kon ik nog sporten? En snowboarden?

Doordat ik voor de operatie met de prothesebouwer had gesproken en die op zijn beurt met de chirurg overlegde, werd ik anders geamputeerd. Mijn stomp heeft een 'ideale lengte' om te

sporten. Ik hoor van andere minder valide sporters dat dit bij hen niet altijd het geval is. Als iemand geamputeerd moet worden na een ongeluk is er niet altijd tijd om voor de operatie een gesprek te hebben, maar bij de meeste amputaties is die tijd er wel. Dan is het een gemiste kans om voor amputatie geen gesprek met een prothesebouwer te hebben.
Mijn nieuwe onderbeen bestaat uit een geelgekleurde voet aan een metalen staaf. Een koker vormt de verbinding tussen mijn stomp en mijn prothese. Ik wilde goed met mijn prothese leren lopen, want als je dat niet doet kan dit op latere leeftijd tot een versleten heup of rugklachten leiden. Dat wilde ik voorkomen. En ik wilde natuurlijk wel iets meer dan goed leren lopen...

De eerste keer dat ik in het revalidatiecentrum een arts sprak, vroeg hij mij: "Mevrouw Mentel, u wilt dus weer leren lopen?"
Ik antwoordde: "Ik wil weer leren lopen en daarnaast wil ik weer mountainbiken, snowboarden en wakeboarden. Ik wil alles doen wat ik tot een paar maanden geleden ook deed. Kunt u inschatten hoelang het gaat duren voordat ik weer op een snowboard kan staan?"
Toen ik mijn prothese een maand had, vroegen mijn vroegere trainingsmaatjes of ik met hen meeging naar de sneeuw. Zij gingen trainen in het Zwitserse Saas-Fee en ze dachten dat ik het leuk zou vinden om in de bergen te zijn en tijd met hen door te brengen. Door mijn operatie, amputatie en revalidatie hadden we elkaar weinig gezien en gesproken. Het leek mij heel leuk en ik vond het heerlijk om in de bergen te zijn. Het voelde als thuis. Al snel zei een vriend: "Kriebelt het niet als je ons zo bezig ziet?" Tja, eerlijk gezegd wel. Hoewel ik nog volop aan het revalideren was en ik nog niet eens goed kon lopen, dacht ik: ik moet het op zijn minst een keer proberen.
Ik maakte mijn bindingen vast, kwam met hulp van een vriend overeind en gleed heel rustig een stukje op mijn board naar beneden. Wauw! Niet te geloven. Ik kon het nog! Wat voelde dat fijn. Na een tijdje deed mijn stomp pijn en stopte ik. De volgende dag probeerde ik het weer en de derde dag huurde ik zelf een snowboard. Na twee of drie afdalingen deed mijn stomp wel pijn, maar het was fantastisch om te kunnen snowboarden. Ik had wel gedacht dat ik dat weer zou gaan doen, maar niet dat het al zo snel na de operatie zou zijn.

Mijn allerliefste maatje.

Emoties na het behalen van goud.

Tijdens de Spelen heb ik de eer om de vlag te dragen.

Kanjers! Van links naar rechts: Laila, Annabella en Julian. (Foto: Natasja Vos.)

'Echte Liefde.'

Felicitaties van mijn allerliefste mamma.

(Foto: Mathilde Dusol.)

Samen met koning Willem-Alexander op het bordes.

Lezing.

Drie maanden nadat ik voor het eerst met mijn prothese op een snowboard stond, werd ik Nederlands kampioen snowboardcross bij de valide sporters. Het klinkt misschien gek dat ik met mijn prothese meedeed aan kampioenschappen voor valide sporters, maar toen ik besloot om mee te doen had ik zelf ook niet verwacht dat het nog zo goed zou gaan. Ik was er eigenlijk alleen om te helpen, maar ik besloot voor de lol mee te doen en ik won op basis van mijn wedstrijdervaring.

Ik moest natuurlijk erg wennen aan mijn nieuwe leven met prothese, maar het leek wel of het voor mijn omgeving nog veel meer wennen was. Als topsporter word je op een voetstuk geplaatst en word je bijna als een supermens gezien, maar na mijn amputatie veranderde de houding van mensen ten opzichte van mij compleet. In mijn hoofd was ik nog steeds Bibian, de topsporter. Maar anderen zagen mij ineens als een gehandicapt, zielig meisje. Mensen waren alleen maar bezig met wat ik niet meer kon. Dat klopte helemaal niet met het gevoel dat ik had. Hoe meer mensen tegen mij zeiden dat ik iets niet kon, hoe meer ik dacht: dat zullen we nog weleens zien.

Ik was weer aan het snowboarden en ik won daar als vanouds prijzen mee, maar in het dagelijks leven merkte ik dat mensen heel anders op me reageerden. Ik vind dat ik mijn been niet hoef te verbergen. Het mag gezien worden. Als het lekker weer is, loop ik in korte broek. Mensen kijken vaak en dat vind ik helemaal geen probleem, maar zo nu en dan levert het wel hilarische voorvallen op... Zo was ik vorig jaar met een vriendinnetje op weg naar het strand. We hadden allebei een korte broek aan. Een heel schattig meisje van een jaar of twee, ze kon net lopen, liep ons tegemoet. Ik zag dat ze onze benen aan het tellen was. Eén, twee en toen kwam mijn been, met prothese. Ze bleef voor mij stilstaan en bekeek me twee keer van top tot teen, met een blik van: 'Wat is dat voor een been?'

Ik knielde voor haar en zei: "Wat een gek been, hè?" Ze knikte.
"Mijn been was een beetje ziek", zei ik. "De dokter heeft er een stuk afgehaald en toen heb ik dit nieuwe been gekregen. Nu kan ik weer lopen en alles doen wat ik wil. Net als jij."
Ze keek me aan, zo van: 'Oké, prima.'

Haar moeder wilde haar mee trekken, zo van: 'Kom maar snel, niet naar kijken, niks zeggen.'
Ik zei tegen die moeder: "Ik begrijp het best, hoor. Ik heb toch ook een gek been. Daar mag ze best naar kijken."
Die moeder werd knalrood, mompelde wat en liep snel door. Mijn vriendin en ik moesten enorm lachen.

Maar ik maak ook minder grappige dingen mee. Toen ik nog in Nederhorst ten Berg woonde, werd ik regelmatig uitgescholden als ik op de invalideparkeerplaats voor Albert Heijn parkeerde. Op een keer stapte ik uit mijn auto en een man schold me helemaal verrot. Ik kon niks terug zeggen, want ik stond perplex. Ik liet mijn invalideparkeerkaart zien en toen ging hij nog door met schelden. Ik wist echt niet hoe ik moest reageren. Ik was enorm geschokt en liep maar snel de winkel in en stond daar helemaal te trillen. 'Ik had mijn broek moeten optrekken en mijn been moeten laten zien', dacht ik achteraf.

Een jaar later parkeerde ik weer eens bij die supermarkt, ik stapte uit mijn auto en ik hoorde een mevrouw iets met 'belachelijk' zeggen. Ik dacht: daar heb je er weer één. Ik doe maar even of ik niets hoor. Maar toen we de supermarkt inliepen hoorde ik haar nog steeds van alles zeggen.
Dus ik zei: "Mevrouw, realiseert u zich dat ik een invalide-parkeerkaart heb en dat ik die ook nodig heb?" Ik stroopte mijn broekspijp op en zei: "Of wilt u misschien van been wisselen? Wat mij betreft graag."
Ze keek en zei: "Oh excuus, maar er wordt zoveel misbruik gemaakt van die parkeerplek."
"Kunt u zich voorstellen dat ik het een beetje zat ben", zei ik boos. "Omdat ik een jonge vrouw ben en men niet van mij verwacht dat ik gehandicapt ben en omdat je het niet direct ziet, wordt er van alles over mij gezegd. Ik moet me continu naar de buitenwereld verantwoorden voor het feit dat ik legaal een parkeerkaart heb. Ik vind het ook asociaal als daar iemand gaat staan die er geen recht op heeft. Maar voordat je iemand veroordeelt, kijk even of die persoon er recht op heeft. Niet iedere beperking zie je. U bent niet de eerste die me verrot scheldt als ik daar parkeer, terwijl ik er recht op heb."
"Excuus dan", zei ze, en ze liep snel weg.

Er zijn ook mensen die me waarschuwen als ik op een invalideplek parkeer. Ze staan voor mijn neus, kijken niet naar de invalideparkeerkaart en zeggen: "Mevrouw, u mag daar niet parkeren, hoor. Ze geven hier snel een boete." Dat is goedbedoeld, maar ik word er wel een beetje moe van. 'Kijk eerst even of er een invalideparkeerkaart in de auto ligt, voordat je mij gaat aanspreken', denk ik dan.

Voor mijn gevoel gaan ze in Amerika heel anders om met mensen die een beperking hebben. Het grootste deel van mensen met een beperking in de Verenigde Staten is *wounded warrior*: een soldaat die in een oorlog voor vrijheid heeft gevochten en daarbij gewond is geraakt. Daar kijken Amerikanen met bewondering naar. Ze zijn trots op hun gehandicapten.

Toen ik net geamputeerd was, werd ik uitgenodigd in de VS. Bij de ingang van het gebouw waar ik moest zijn stond een lange man die een heel grote cowboyhoed droeg. Heel flamboyant. Je kon echt niet om die man heen. En hij had één been. Ik dacht: wauw, wat tof! Dit zie je in Nederland nooit.
Een Amerikaans vriendinnetje die een prothese draagt, was een keer in Nederland bij mij op bezoek. Het was zomer, we droegen allebei een korte broek en ze vroeg: "Waarom staren die mensen allemaal naar mij?" In de VS doen ze dat niet.

Mensen denken ook vaak dat je, als je een lichamelijke beperking hebt, geestelijk ook wat mankeert. Ik geef vaak het voorbeeld van Esther Vergeer. Zij heeft in het gehandicaptentennis alles gewonnen wat er maar te winnen valt. Toptennissers als Nadal en Federer kijken tegen haar op. Een keer ging ze op een terras wat drinken met vrienden en toen werd over haar hoofd heen gevraagd wat 'het meisje in de rolstoel' wilde drinken. Dat is toch vreselijk!

Ook voor professionals in de zorg is het soms lastig hoe ze moeten omgaan met een minder valide persoon. Ik was een keer aan het wakeboarden, toen ik een salto wilde maken. De salto mislukte en mijn gezonde voet schoot uit de binding. Mijn prothesebeen bleef zitten en daardoor verdraaide ik mijn knie en mijn stomp. Ik maakte een enorme smakkerd en gilde het

uit van de pijn. Mijn wakeboard lag horizontaal in het water en mijn prothesebeen stond rechtop op het board. Er kwam net een boot langs en die mensen schrokken zich helemaal kapot. Ze dachten dat mijn been was afgebroken.
Ik werd uit het water gehaald en we gingen naar de Eerste Hulp in Hilversum, waar ik in mijn natte bikini en hinkend op één been aankwam.
"Wat is er gebeurd?", vroeg de assistent-arts.
"Ik probeerde een salto achterover te maken", antwoordde ik. Hij keek naar mijn stomp en daarna keek hij mij stomverbaasd aan. Vervolgens wist hij niet wat hij met mij moest doen. Hij kon geen foto van mijn knie maken, want die zat vol vocht. Hij was twee, drie keer zo dik als normaal. De assistent-arts wilde mijn prothese aandoen en dan zowel de stomp als mijn prothese verbinden. Blijkbaar dacht hij dat hij de prothese tegen de stomp kon duwen en dat die dan vastzat.
"Doe maar niet", zei ik, toen ik zag dat hij de prothese richting mijn stomp bracht. Hij wist niet dat je eerst een *silicone sleeve* om mijn stomp moet doen. Daar duw je vervolgens de prothese in; die zuigt dan vacuüm zodat de prothese vastzit. Maar op dit moment had het helemaal geen zin om noch de sleeve noch de prothese aan te doen. Ed stond ook vol verbazing te kijken en vroeg, lichtelijk geïrriteerd door zoveel onkunde: "Als iemand een hersenschudding heeft, zetten jullie dan eerst de helm op en zwachtelen jullie die dan ook in?" Uiteindelijk hebben ze alleen mijn stomp ingezwachteld.

Thuisgekomen heb ik mijn fysiotherapeut gebeld en om advies gevraagd. "De eerste drie dagen zit er zoveel vocht in je stomp, dan kunnen we toch niks zien en hoeven we geen foto te maken", zei hij. "Been omhoog doen en flink koelen. Kom over drie dagen maar even langs."

Ik vond het zo gek dat ze bij de Eerste Hulp niet wisten wat ze moesten doen. Mijn fysio geeft ook les op de master opleiding Fysiotherapie en ik ben naar aanleiding van dit voorval een aantal keren met hem mee geweest om te laten zien hoe het is om iemand met een beperking te behandelen. Ik heb ook een aantal anderen met een beperking meegevraagd zodat ze in de opleiding konden leren hoe ze met verschillende beperkingen om konden gaan. Tijdens de les merkte ik dat een aantal fysiotherapeuten het eng vond om mijn stomp aan te raken. Hier valt dus ook nog wel iets te verbeteren.

Hoe ik nu over mijn niet-meer-zo-nieuwe been denk? Mijn been is mijn been. Het hoort bij mij. Als ik mijn been af heb, voelt dat heel naakt. Buiten Ed, de kinderen en mijn prothesebouwer ziet niemand me zo. Het is heel prettig om mijn prothese aan te hebben. Dan heb ik twee benen en kan ik zo opstaan en weglopen. Het voelt ook als mijn eigen been.
Met een tas vol benen kan ik alles, zeg ik altijd. In het dagelijks leven heb ik geen beperkingen. Ik heb een voet die ik in verschillende schoenen kan dragen. Daardoor kan ik teenslippers, sneakers en zelfs hakken tot zes centimeter dragen. Ik heb verschillende voeten om op te sporten. Bijvoorbeeld een voet als een kleine blade, zoals je die kent van de *Blade runner*, waarmee ik kan rennen.

Om perfecte protheses te laten aanmeten heb ik uren overlegd met mijn prothesebouwer. Hij heeft een snowboardprothese op maat gemaakt, waarmee ik een hele dag kan snowboarden zonder pijn te krijgen. Dat is een heel andere prothese dan ik in het dagelijks leven draag en ook weer een andere dan de prothese die ik heb voor watersporten als kitesurfen en wakeboarden. Sinds kort draag ik soms een cover, een hoes met een modieus design die ik over mijn prothese schuif. Het is de nieuwste trend bij prothesegebruikers. Een modeaccessoire. Als vrouw kun je er, net als van schoenen, niet genoeg van hebben, denk ik.

Natuurlijk had ik liever twee benen gehad, maar niet omdat ik nu beperkingen ervaar. Ik kan alles, maar mijn ideaalplaatje van een vrouw is een vrouw met twee benen. Ik vind mijn stomp niet per definitie lelijk, maar ik vind hem ook niet per se mooi. Als ik in de spiegel kijk, kijk ik niet onder mijn knie. Ik kijk meer of mijn haar goed zit. Natuurlijk was ik ook liever nooit ziek geworden, maar door alle minder leuke dingen die ik heb meegemaakt, heb ik ook weer zoveel mooie mensen leren kennen en bijzondere dingen mogen meemaken.

Lange weg naar Sotsji

Waarom doe jij niet mee aan de Paralympische Winterspelen?, vroegen mensen mij vaak. Ik was bezig me te kwalificeren voor de Olympische Spelen van Salt Lake City in 2002, toen mijn onderbeen geamputeerd werd. Sindsdien timmerde ik als minder valide snowboarder aan de weg. Ik wilde zoveel mogelijk wedstrijden rijden en aangezien er niet zoveel wedstrijden werden georganiseerd, deed ik zowel mee met de valide als de minder valide sporters.

Op een gegeven moment werd het Nederlands Kampioenschap valide tegelijk met een Worldcup parasnowboarden gehouden. Ik kon dus niet aan allebei meedoen en aangezien ik meer aandacht wilde voor sporten met een beperking, voelde het beter als ik zou kiezen voor een wedstrijd voor minder valide sporters. Ik koos voor het parasnowboarden en dat ben ik vanaf dat moment blijven doen.

Het was dus niet onlogisch dat mensen me vroegen of ik aan de Paralympische Winterspelen ging meedoen. Er was echter een 'klein probleem' (ik bedoel uitdaging): snowboarden was (nog) geen onderdeel op de Paralympische Winterspelen.

Uit liefde voor mijn sport ben ik een lobby gestart om snowboarden op het paralympisch programma te krijgen. Ik ging ervan uit dat dit in vier jaar wel zou lukken en dat ik bij de Spelen in Vancouver in 2010 aan de start zou staan. Maar ambtelijke molens draaien langzaam; het duurde allemaal veel langer.

Toen ik mijn missie startte, nam ik contact op met Rita van Driel. Zij vertegenwoordigt Nederland in de IPC, het Internationaal Paralympisch Comité. Ik vroeg haar of ze dacht dat mijn lobby kans van slagen zou hebben en ze antwoordde dat er op de Paralympische Winterspelen wel plek was voor een nieuwe sport. Het liefst een sport die een jong publiek zou trekken.
Haar antwoord stemde me hoopvol, want snowboarden wordt gezien als avontuurlijk en soms zelfs als gevaarlijk. Bijzonder

aantrekkelijk voor jongeren dus! Het gesprek met Rita motiveerde me om contact op te nemen met andere leden van de IPC. Ik probeerde medestanders te vinden voor mijn missie. Er werd een werkgroep opgericht waarin we bedachten hoe snowboarden als paralympische sport eruit moest zien. Ik vond het fantastisch om hier vanaf *scratch* aan mee te mogen werken.

Welke disciplines moesten er komen? En hoe moest je de verschillende beperkingen beoordelen? Alpine snowboarden, het slalommen zoals Nicolien Sauerbreij doet, is naar mijn mening een beetje een uitstervende sport binnen de valide sport. Waarom zou je binnen de paralympische sport beginnen met een sport die binnen de olympische sport waarschijnlijk gaat verdwijnen? Dat leek me niet logisch. Daar kwam bij dat alle snowboarders met een beperking die ik kende geen van allen ooit op een alpine board hadden gestaan. Als dit een paralympische sport zou worden, zouden alle mogelijke deelnemers zich moeten omscholen naar een andere tak van sport. Voor een buitenstaander lijkt het misschien allemaal hetzelfde, maar het is vergelijkbaar met het verschil tussen mountainbiken en wielrennen. Je zet Tom Dumoulin ook niet op een mountainbike. Alpine snowboarden viel dus af als nieuwe discipline.

Ook *freestylen* viel af. Bij valide snowboarders zijn de freestyle onderdelen *slopestyle* en *halfpipe* heel populair. Slopestyle is een afdaling met obstakels, zoals springschansen. En halfpipe is een soort sneeuwkuil met vijf meter hoge wanden, waar je als snowboarder hoog bovenuit springt. Slopestyle en halfpipe zijn jurysporten en we vroegen ons af of we een jury konden vinden die begreep wat de moeilijkheid is van de verschillende beperkingen. Hoe ga je iemand die een arm mist jureren ten opzichte van iemand die een been mist? Wat is moeilijker? Zonder arm of zonder been? Daar kun je nooit eerlijk over oordelen.

Ik werkte in die tijd in de communicatie bij Red Bull en ik was me heel bewust van het mediaoogpunt van een nieuwe paralympische discipline. Hoe konden we paralympisch snowboarden voor de media spannend en interessant genoeg maken om te laten zien en over te schrijven? Hoe maakten we het interessant voor het grote publiek en hoe konden we het publiek

duidelijk maken waarom iemand een wedstrijd wint? Waarom het op die manier een eerlijke wedstrijd was?
Mijn referentiekader bij dat laatste punt was een wedstrijd die ik een keer op het WK Atletiek voor gehandicapten had gezien. Ik keek naar de 100 meter sprint en zag dat meisjes met één of twee onderbeenprotheses tegen meisjes liepen die één of twee armen misten. Het meisje dat één arm miste won. Ik vond het echt raar dat ze die meiden tegen elkaar lieten lopen. Natuurlijk won het meisje dat geen benen miste. Wat ik niet wist en wat ook niet door de commentator werd verteld, is dat er een tijdscorrectie plaatsvond om het een eerlijke wedstrijd te maken.

Alles afwegende kwamen we erop uit dat snowboardcross de meest geschikte discipline was om aan de Paralympische Spelen toe te voegen. Bij snowboardcross starten vier of zes snowboarders tegelijkertijd aan een afdaling over een parcours met scherpe kuipbochten, springschansen en hinderlijk bedoelde bobbels. Je probeert de snelste lijn naar beneden te pakken en racet met 60, 70 kilometer per uur naar beneden. De snelst gekwalificeerden doen mee aan een knock-out systeem waarbij steeds twee atleten tegen elkaar racen. De winnaar gaat door naar de volgende ronde, totdat er twee atleten over blijven voor de finale. Zij strijden om het goud. Op basis van de verschillende handicaps kunnen atleten tegen elkaar strijden. Voor toeschouwers is het spectaculair om naar te kijken.

Om te testen of wat wij hadden bedacht klopte, werd in 2009 in het Canadese Whistler de allereerste Worldcup aangepast snowboarden met snowboardcross als discipline, gehouden. Het was een kleinschalige wedstrijd. Er waren maar vijftien deelnemers, maar het begin was er. Ik was natuurlijk één van de deelnemers en het was te gek. Alles wat we hadden bedacht kwam uit en - niet onbelangrijk - ik won mijn eerste Worldcup.

In 2010 werden de Paralympische Spelen in Vancouver gehouden, maar het was nog niet gelukt om snowboarden op het programma te krijgen. Ik baalde dat het niet binnen vier jaar was gelukt. Wanneer snowboarden in Vancouver als een paralympische discipline was beschouwd, had ik natuurlijk meegedaan. Toen de Spelen in Vancouver voorbij waren, dacht ik: de volgende Spelen zijn over vier jaar. Dan ben ik eenenveertig. Hou op! Dan ga ik echt niet meer op dit niveau snowboarden. Ik vond dat ook niet erg. Ik had alles al meegemaakt, behalve de Olympische Spelen, maar de Spelen waren nooit mijn grootste doel geweest.

Als valide sporter had ik al heel veel bereikt en het feit dat ik als eerste Nederlander ooit werd uitgezonden naar de X-Games vond ik een grotere prestatie dan meedoen aan de Spelen. De X-Games zijn een tegenhanger van de Olympische Spelen, maar dan voor extreme sporten. In Nederland zijn de X-Games minder bekend, maar in de Verenigde Staten is het een heel groot media-event en binnen de extreme sporten is het misschien nog wel prestigieuzer dan de Olympische Spelen. De top 15 van de wereld wordt voor de X-Games uitgenodigd en in het jaar 2000 stond ik achtste op de wereldranglijst. Vandaar dat ik deelnam. Ik won niet, maar ik deed goed mee met de wereldtop.
Ik had niet het gevoel dat ik me nog eens moest bewijzen op de Olympische Spelen. Ik wilde me inzetten om mijn sport met een groot publiek te delen. Om mijn sport, mijn passie, te laten zien. Omdat ik daar trots op ben. En omdat ik kinderen met een beperking, die denken dat ze geen extreme sporten kunnen beoefenen, wilde laten zien dat ze dat wel kunnen.

In augustus 2011 vernam ik van de IPC dat Rusland had besloten om snowboarden niet op het paralympische programma van de komende Spelen in Sotsji te zetten. Ik was diep teleurgesteld. En boos. Maar na dat eerste gevoel van teleurstelling zette ik de knop om. Ik was ervan overtuigd dat mijn sport wél op de Paralympische Spelen ging komen. Ik liet het er niet bij zitten. Ik ging door met mijn lobby.

Een paar weken later sprak ik Rita van Driel en zij vertelde me dat er achter de schermen nog hard werd gelobbyd. Een half jaar later, op 2 mei 2012, was ik met Ed en de kids aan het snowboarden in het Franse Tignes, toen ik hoorde dat snowboarden toch was toegevoegd aan het paralympische programma in Sotsji in 2014. Yes, we did it!!
Toen ik dat wist, besloot ik dat ik toch aan de Spelen wilde deelnemen. Waar anders dan op dit paralympische podium kon

ik mijn sport aan de hele wereld laten zien?
Ondertussen gaf ik al een paar jaar snowboardles aan minder valide jongeren en in 2012 richtte ik een stichting op met als doel kinderen en jongvolwassenen met een beperking kennis te laten maken met uitdagende sporten als snowboarden, wakeboarden en skateboarden. Ik wil hen laten zien en ervaren dat je met een beperking meer kunt, dan je denkt. Ik richt me vooral op kinderen en jongeren want zij 'moeten' nog een heel leven met een beperking. Ik gun hen dat ze niet in beperkingen, maar in mogelijkheden denken. Hoewel dat natuurlijk niet alleen geldt voor mensen met een beperking!

Ik liep al heel lang met het idee om een stichting te starten, maar ik had een goede baan bij Red Bull en ik vond het moeilijk om ontslag te nemen. Toen ik uiteindelijk mijn baan opzegde en de stichting startte, zei Ed dat hij al een naam voor de stichting had bedacht: "Met jouw naam en jouw instelling is er maar één naam mogelijk, de Mentelity Foundation." Toen kwamen we ook al snel op de slogan: *It's all about Mentelity*.

Het doel van de stichting is om kinderen en jongeren kennis te laten maken met de sport, maar een aantal van hen deed het zo goed dat ze nu meedraaien in de wereldtop. Merijn Koek was negentien toen hij me belde. Ik vertelde hem dat ik over drie weken naar een Worldcup in de Verenigde Staten ging. In die tijd was het niveau bij wedstrijden niet hoog en er waren weinig deelnemers.

"Als je wilt, kun je mee", zei ik, nadat hij me had verteld dat hij al snowboardervaring had. Ik ontmoette hem en zijn moeder voor het eerst op Schiphol. Merijn is zonder onderarmen en met één onderbeen geboren en zijn moeder overhandigde zijn tassen aan mij, zo van: 'Zorg jij daarvoor?' Nou, dat dacht ik niet. Ik zei grappend tegen Merijn: "Kijk maar hoe je het doet, maar je draagt je eigen tassen." Dat was voor zijn moeder wel even schrikken, maar bij de volgende reis had hij tassen met wieltjes bij zich.
De reis was een fantastische ervaring voor Merijn. Toen we het huis van de sporters binnenkwamen lagen overal in de kamer prothesebenen, en mensen hinkten op één been door het huis.

Merijn was voor het eerst in zijn leven niet speciaal vanwege zijn handicaps. Iedereen mankeerde wel iets. Mensen zeiden niet op basis van zijn uiterlijk: "Wat heb jij?" Maar: "Wie ben jij?" Dat was een verademing voor hem. Ik vond het fantastisch om dat mee te maken.

Chris Vos was twaalf jaar toen zijn vader een mail naar me schreef. Hij heeft als gevolg van een ongeluk sinds zijn vijfde een verlamd been en had al met zijn vader gesnowboard toen die bij de stichting aanklopte. Kort daarna gingen Ed, Merijn en ik naar een Worldcup in Canada en de ouders van Chris vroegen of wij de verantwoordelijkheid aandurfden om hem mee te nemen. Laila en Annabella waren ongeveer even oud als hij. We waren dus gewend aan kinderen van die leeftijd en Chris ging mee als ons 'vierde kind'.

Lisa Bunschoten ontmoetten we voor het eerst bij een Wintersport Fun Dag van de Nederlandse Ski Vereniging. Ik was les aan het geven toen Ed me belde en zei dat er een heel leuk blond meisje bij hem stond dat al een beetje kon snowboarden. We vroegen haar of ze met ons mee wilde trainen. Dat leek haar leuk en ze sloot zich bij ons aan. Lisa heeft een onderbeenprothese als gevolg van een voetamputatie.

Ilse van Rheenen wilde graag bij ons komen trainen en had als doel de Spelen van Sotsji. Ze had op haar zevende een beenamputatie ondergaan vanwege een tumor in haar knie. Ze heeft een omkeerplastiek. Daarbij amputeren ze het hele been en gebruiken ze het onderbeen als het nieuwe bovenbeen. Door het onderbeen achterstevoren aan de stomp van het bovenbeen vast te zetten wordt je hak je nieuwe knie en kun je met een bovenbeenprothese weer lopen en sporten. Ik zei tegen haar dat ik haar wilde helpen om sterker en fitter te worden. Tijdens de eerste training deed ik een coördinatieoefening met haar. Ik legde een loopladder voor haar op de grond en deed de oefening voor. De oefening helpt om gevoel te krijgen waar je je prothese moet neerzetten.
Ze keek me aan en zei: "Dat kan ik niet, ik mis een been."
Ik keek haar aan en zei: "En ik dan?"
"Ja, uhhh. Oké." Heel voorzichtig zette ze stappen in de ladder en

na een paar keer ging het sneller en beter. Ze kreeg steeds meer zelfvertrouwen.
Een paar weken later zei ze tegen me: "Ik vroeg altijd aan mijn vriend of hij dingen die hoog in het keukenkastje staan, voor me wilde pakken, maar nu pak ik ze zelf. Ik dacht ineens: dat kan ik best." Ze durfde door haar vernieuwde zelfvertrouwen op een keukentrapje te staan. Dat is toch fantastisch? Daar doe ik het voor.

In aanloop naar de Spelen zeg ik vaak tegen de Nederlandse Ski Vereniging en NOC*NSF dat ik niet in mijn eentje naar Sotsji ga. Ik geef aan dat ik met de Mentelity Foundation atleten aan het opleiden ben. "Ik zie dat zij het kunnen en dat zij zich kunnen plaatsen. Dus houd er rekening mee, ook qua budget, dat ik niet alleen ga."
Met mijn deelname houden ze wel rekening, maar niet met de rest. Het gevolg is dat er heel weinig budget is. Het is echt passen en meten om de anderen mee te krijgen, maar de bond en NOC*NSF kunnen niet om hen heen omdat ze zich hebben geplaatst. Als Mentelity Foundation regelen Ed en ik, samen met de ouders, het hele traject tot de Spelen. Met hulp van sponsoren zorgen we voor het materiaal en de ouders betalen de accommodatie. Vanuit de bond is er geen programma en geen ondersteuning voor hen.
Het coachen van mijn pupillen geeft me enorm veel voldoening, maar tijdens wedstrijden is het soms lastig omdat ik niet op twee plekken tegelijk kan zijn. Na mijn eigen race moet ik als een speer weer naar de start om te coachen, terwijl ik zelf ook aan de wedstrijden deelneem én wil winnen.
Edwin gaat altijd met me mee naar wedstrijden. Dat is wel zo gezellig en hij kan dan ook videoanalyses maken. Daarnaast heeft hij een eigen bedrijf, Brands & Concepts. Hij ontwerpt, produceert en verkoopt modeaccessoires voor diverse merken en grootwinkelbedrijven. Ook heeft hij een eigen accessoiremerk, JWLZ.

Op een keer sta ik na mijn race onderaan bij de finish, terwijl Chris, Merijn en Lisa nog moeten starten. Ik kan niet op tijd bij de start zijn om hen te coachen. Ed staat daar wel en geeft de laatste tips voor de race. Hij pakt steeds meer taken op en zo rolt hij het coachingvak in. *Hij* wordt meer een coach en *ik* word weer meer de atleet.

Vanaf de zomer van 2013 trainen we keihard voor de Spelen in Sotsji. Merijn, Chris, Lisa, Ed en ik gaan onder andere drie weken op trainingskamp naar Nieuw-Zeeland. Ilse gaat niet mee, want ze is geblesseerd. Chris verliest bij de tussenstop in Abu Dhabi zijn paspoort en mag daardoor zijn reis niet voortzetten. Hij moet terug naar Nederland en wij reizen verder naar Nieuw-Zeeland, waar we in het Cardrona Alpine Resort op het Zuidereiland verblijven.

Omdat ik altijd op zoek ben naar mogelijkheden om sterker te worden, ben ik een samenwerking aangegaan met de Nieuw-Zeelander Carl Murphy en zijn coach Adam Dooney. Ik was op zoek naar een trainingsmaatje aan wie ik me op kon trekken, en Carl is één van de sterkere mannen in het parasnowboarden. Zijn coach Adam gaat mee als technisch trainer. Ed is mijn coach en hij traint Merijn, Lisa en Chris.

Vanaf het resort waar we overnachten is het ongeveer drie kwartier rijden naar de skiliften. Om de dag goed te benutten, zitten we om zeven uur 's ochtends al in de auto. Als we aankomen op de parkeerplaats bij de skiliften, willen we op een gehandicaptenplek parkeren, maar we realiseren ons dat we onze gehandicaptenparkeerkaart vergeten zijn. De gewone parkeerplekken zijn allemaal vol. Wat nu? Ed pakt de protheses die we niet nodig hebben en legt ze pontificaal in het zicht bij de voor- en de achterruit. Dat is een stuk duidelijker dan een klein parkeerkaartje, toch? We liggen in een deuk van het lachen. We trekken onze snowboardkleding aan, doen een warming up en trainen de hele ochtend in de sneeuw. Na de lunch doen we techniek- en springtraining. Ik wil niet zeggen dat we bang zijn, maar zowel Carl als ik zitten niet in onze comfortzone bij de springtraining. In onze wedstrijdparcours zitten vaak kleine schansen en daarom traint Adam ons juist op het rijden van grote schansen, zodat we tijdens een wedstrijd denken: 'Oh die kleine schans, die rijd ik met gemak.' We trainen vooral de onderdelen waarbij we ons minder senang voelen, zodat we in de wedstrijd beter en sterker zijn.

Terug uit Nieuw-Zeeland train ik drie keer in de week in sportcentrum Papendal, samen met de Nederlandse selectie. Met de aangepaste alpine skiërs en Bell Berghuis, een valide snowboardster die ook voor Sotsji traint, doe ik vooral kracht- en conditietraining om fysiek fit en sterker te worden. Ook trainen we veel bij SnowWorld in Landgraaf.

Tijdens de eerste Worldcupwedstrijd van het seizoen plaats ik me, net als Merijn, Lisa en Chris, voor de Paralympische Winterspelen in Sotsji. Ilse haalt het net niet, en ze stopt met topsport. Hetzelfde geldt voor Jos Zaal, die ook bij ons trainde. Hij wordt vader. Om daarnaast alles te geven als topsporter is voor hem teveel van het goede. Met Merijn, Chris en Lisa gaan we nog een aantal keren naar de sneeuw. We trainen in Hintertux in Oostenrijk, we gaan een aantal keren naar het Spaanse La Molina en met Kerst hebben we een trainingskamp in Davos. Chris en Merijn kunnen het heel erg goed met elkaar vinden en Chris en Lisa hebben sinds kort een relatie. We trainen keihard, maar we hebben het ook heel erg gezellig met elkaar. Wij zijn klaar voor de Spelen!

Overleven

27 september 2014. Ik ben jarig. Juul en ik fietsen door het bos. Zijn hand in de mijne, zoals altijd als ik hem naar school breng. De zon schijnt in strepen door de boomtakken. Wat een prachtig mooie, zonnige dag. Ik ben tweeënveertig jaar! Dat heb ik maar mooi gehaald.

Afgelopen week werd een vriendinnetje veertig. Ze zei zuchtend en puffend: "Poeh, poeh, ik ben veertig. De grote vier nul. Nu ben ik echt oud."
Ik zei: "Schat, wees blij dat je het hebt gehaald. Er zijn ook mensen die dat niet kunnen zeggen. Ik ben er trots op dat ik volgende week tweeënveertig word."
"Oh ja", zei ze. "Zo had ik het nog niet bekeken."

Het najaar van 2014 heeft een aantal verrassingen voor me in petto. Zo word ik tijdens het Sportgala uitgeroepen tot paralympisch sporter van het jaar. Uit handen van Floortje Dessing ontvang ik de Jaap Eden Trofee en daar ben ik super trots op. Voor een volle zaal houd ik een korte speech. Ik kan niet iedereen noemen die mij de afgelopen jaren heeft gesteund bij mijn trainingen en bij mijn lobbywerk, maar drie mensen wil ik zeker bedanken. Allereerst Julian, die mij zo vaak moet missen omdat ik onderweg ben voor mijn sport. Als tweede mijn moeder, die altijd voor me klaarstaat, en last but not least Edwin, die samen met mij mijn droom heeft verwezenlijkt. Ik vind het enorm bijzonder dat ik hier sta als paralympisch sporter van het jaar, ook omdat ik eerder als valide sporter in de zaal zat. Na mijn amputatie was ik twee keer als bestuurslid van de Nederlandse Ski Vereniging aanwezig en nu sta ik op het podium als paralympisch atleet. Wat een mooie afsluiting van dit olympische jaar!

Helaas krijg ik ook nog twee minder leuke 'verrassingen'. Eind november zijn we met de kids een weekend naar London als ik hoor dat mijn vader is overleden. Ik wist dat er een keer zo'n telefoontje ging komen, maar nu het daadwerkelijk gebeurt, ben ik heel verdrietig. 'Ik wil naar Sri Lanka', is het eerste wat in me opkomt. Mijn vader woont daar nu vijfentwintig jaar en de laatste keer dat ik hem in levende lijve zag was zes jaar geleden. Ik zag hem niet vaak, maar we hadden regelmatig contact en ik wil graag bij zijn afscheid zijn.

Ed vraagt of ik het fijn vind als hij met me mee gaat. Dat vind ik heel fijn. We vliegen meteen van Engeland terug naar Nederland en een dag later vertrekken we naar Sri Lanka, waar we middenin de nacht aankomen. We slapen in een hotel bij de luchthaven en reizen de volgende dag naar het huis van mijn vader. We worden heel hartelijk ontvangen door mijn stiefmoeder en mijn halfzusje. In Sri Lanka worden mensen binnen vier dagen na hun overlijden begraven en tot die tijd is het lichaam van mijn vader middenin de woonkamer opgebaard. Alle huisdeuren staan wagenwijd open, zodat iedereen afscheid kan nemen. Het hele dorp is daadwerkelijk uitgelopen en het is een vreemde ervaring dat iedereen hier voor mijn vader is, en dat wij niemand kennen en dat we de taal niet spreken. Dertien monniken zitten op de vloer te bidden. Dat ziet er heel bijzonder uit, maar ook hun geprevel verstaan we niet. Tijdens het afscheid houd ik een korte speech in het Engels. Ik heb niks voorbereid en zeg wat er in me opkomt. Huilend zeg ik dat ik blij ben dat mijn vader hier gelukkig was en dat hij een nieuw gezin heeft. Dat ik het fijn vind dat hij een lieve vrouw heeft en dat ik blij ben dat uit hun relatie mijn halfzusje is voortgekomen. Het voelt wel gek om dit te zeggen, terwijl het hele dorp naar me staat te kijken.

Na de ceremonie wordt de kist gesloten en wordt mijn vader naar zijn laatste rustplaats in de tuin gebracht. Daar wilde hij graag begraven worden. We overnachten in het huis van mijn vader en gaan de volgende dag terug naar Nederland. De hele reis heeft vier dagen geduurd. Mijn halfzusje wilde graag dat ik langer bleef, maar ik vind het goed zo. Er was al zoveel bezoek. En door de onverwachte en trieste omstandigheden had ik ook niet de behoefte om een rondreis te maken en als afsluiting weer bij mijn stiefmoeder en halfzusje op bezoek te gaan.

Mijn vader en ik hadden een bijzondere band. Ik zag hem niet vaak, maar we hadden zo'n vijf à zes keer per jaar contact, via Skype en telefonisch. Er zijn periodes geweest dat ik hem vaker sprak. Toen Juul geboren werd hadden we veel contact. Onze relatie werd toen minder vader-dochter, maar meer als twee ouders die bezorgd waren om hun kind. Ik heb heel veel strijd met mijn vader gehad. Ik ben altijd degene geweest die hem op zijn nummer zette. Mijn moeder komt uit een generatie waar vaders wil wet is. Zij bewaarde de lieve vrede en daar ging ik tegenin. Behalve strijd was er ook veel liefde tussen ons. Maar als ik het vergelijk met de band die mijn halfzusje met hem heeft, dan is hun band veel inniger. Dat is logisch. Hij was achtenvijftig toen hij haar kreeg. Zij is het kind van de tweede leg, waar je veel meer tijd voor hebt. Het contact met mijn vader was niet zo hecht als wanneer hij in Nederland had gewoond en ik hem wekelijks of maandelijks had gezien, maar onze band was heel bijzonder. Ik hield van hem als mijn vader.

Het overlijden van mijn vader is het eerste slechte nieuws.

Op 22 december heb ik een controleafspraak in het Leids Universitair Medisch Centrum. Daar blijkt dat er weer een plekje op mijn rechterlong zit. Het blijkt een kwaadaardige tumor te zijn. Wat een enorme domper! Na zes jaar 'schoon' te zijn geweest, hoopte ik dat ik klaar was met die kut kanker. Ik was de magische grens van vijf jaar kankervrij gepasseerd en ik ging er eerlijk gezegd van uit dat ik er voorgoed van af was. Nou ja, laat ik zeggen dat ik hoopte dat ik niet weer met die ziekte hoefde te dealen. Na twee keer botkanker in mijn been heb ik nu voor de vierde keer uitzaaiingen van botkanker in mijn longen. Toen ik voor de tweede keer botkanker in mijn been had en mijn onderbeen werd geamputeerd, gingen de artsen ervan uit dat ik daarmee voorgoed van kanker verlost zou zijn. Opnieuw blijkt dit niet het geval. Blijkbaar zweefden er voor de amputatie al kankercellen in mijn bloedbaan en duiken die nu steeds in mijn longen op.

Na een paar dagen vol dikke tranen zet ik de knop om. Ik zal wel moeten. Voor Juul, voor Ed. Voor iedereen die van me houdt. Vastberaden denk ik: oké, dit is heftig, maar als ik het drie keer aankan kan ik het ook vier keer aan. Ik vraag aan orthopedisch chirurg, dokter Dijkstra, wanneer ik geopereerd kan worden en hoelang het herstel duurt. Over acht weken is het WK en ik ben

in topvorm. Sander Dijkstra kijkt me aan en zegt: "Als we nu een operatie inplannen, vindt die over vijf à zes weken plaats."
"Oh, oké", reageer ik teleurgesteld. "Dan ga ik het WK niet halen. Is het mogelijk om zo snel mogelijk na het WK te opereren? Dan zou de operatie over acht à negen weken zijn. Als het vijf weken kan wachten, kan het ook wel negen weken wachten. Toch?" Ik kijk hem vragend en hoopvol aan. "Of is daar een risico aan verbonden?" De operatie is dan de afsluiting van het seizoen, schiet door mijn hoofd. Daarna kan ik de hele zomer bijkomen en herstellen.
Dijkstra kijkt me aan, schudt zijn hoofd, lacht een beetje en zegt: "Ik zie wat je bedoelt. Ik ga het met mijn collega's bespreken. Je hoort zo snel mogelijk van me."
Twee dagen later belt hij me op: "We vinden het goed dat je na het WK geopereerd wordt." En lachend voegt hij eraan toe: "Maar dan moet je wel een medaille winnen."

Aan die voorwaarde houd ik me. Dubbel en dwars zelfs, want tijdens het WK in het Spaanse La Molina win ik twee gouden medailles. Eén op het onderdeel snowboardcross en één op de *banked* slalom. Op zondag kom ik thuis en ik vind het heel fijn dat ik voor de operatie een paar dagen met Edwin en Juul kan doorbrengen. We praten en huilen. Juul is net als ik een binnenvetter. Hij maakt zich meer zorgen dan hij laat zien. Ik knuffel hem, kijk hem aan en zeg: "Joh, denk er maar niet te veel over na. Het komt goed. Ik ga het monster ook deze keer verslaan."

Op donderdagochtend om negen uur ga ik onder het mes. Ik weet wat me te wachten staat. Dat is aan de ene kant fijn, maar aan de andere kant weet ik ook dat het weer erg pijnlijk gaat worden. Om bij de tumor te kunnen, wordt een snee aan de zijkant van mijn lichaam gemaakt. Vervolgens worden mijn ribben met een soort krik van elkaar geduwd. Daarna gaat de chirurg met zijn handen naar binnen en prikt mijn long lek, zodat die leegloopt. Dan voelt hij met beide handen of er oneffenheden op het weefsel zitten. Als hij iets voelt, pakt hij het plekje en knipt het stukje weefsel weg. Daarna maakt hij het weefsel aan elkaar vast en laat de long weer vollopen. Een long bestaat uit kwabben en die bestaan uit verschillende segmenten. Deze keer halen ze het

middelste segment van de onderste linker longkwab helemaal weg. Ook wordt er een stukje van de pleura, een vlies om de longen, verwijderd. Door alle operaties mis ik ondertussen vijftien procent van mijn longen. Longen kunnen zich herstellen, maar dat gaat heel langzaam en ik zal ook na deze operatie qua conditie moeten inleveren. Doordat mijn longinhoud afneemt, moet mijn hart harder werken om zuurstof door mijn lijf te pompen. De operatie duurt anderhalf uur.
Als ik op de uitslaapkamer lig en bijkom uit de narcose staan Edwin en mijn moeder naast mijn bed. Ed vertelt me later dat ik onder invloed van de morfine lag te ijlen over snowboarden en dat ik wel honderd keer heb gezegd hoeveel ik van hen houd.

De eerste dagen na de operatie slaap ik veel. Via een ruggenprik is een epiduraal katheter geplaatst. Dit is een slangetje waarmee ik morfine krijg toegediend. De morfine maakt me misselijk, ik geef vaak over en ik eet bijna niks. Er is ook een drain geplaatst die het wondvocht tussen mijn longvliezen moet afvoeren en die drain is ook heel pijnlijk. En ik heb ontzettend pijnlijke ribben, doordat mijn ribben anderhalf uur lang uit elkaar geduwd zijn. Het voelt alsof ik door een vrachtwagen overreden ben. Het liefst blijf ik zo stil mogelijk liggen, dat is het minst pijnlijk. Volgens mijn moeder lig ik urenlang doodstil in bed. Gelukkig heb ik een kamer voor mezelf. Mama en Ed zitten hele dagen bij mijn bed en krijgen zelfs eten en drinken van het ziekenhuis aangeboden, zodat ze me niet alleen hoeven te laten.
Na drie dagen begint het afbouwen van de morfine, waardoor ik nog meer pijn ervaar.
De verpleegkundigen moedigen me aan te eten, maar ik ben te misselijk om een hap door mijn keel te krijgen. Als ik wel iets eet, komt het er binnen no time weer uit. Dat is niet echt motiverend, om het zacht uit te drukken. Het liefst wil ik slapen, maar er komt steeds een fysiotherapeut naar mijn kamer die zegt dat ik moet bewegen.
"Mevrouw Mentel", zegt hij, "u moet uw bed uit en een stukje lopen."
"Nee, nog niet. Ik voel me niet lekker."
De volgende dag: "Mevrouw Mentel, voor een voorspoedig herstel is beweging belangrijk. U kunt trombose krijgen als u zo lang in bed ligt."

Ik antwoord: "Dat geldt misschien voor oude mensen, maar niet voor een fit iemand als ik. Een topsporter!" En ik denk: donder op, ik weet heus wel wat goed is voor mijn lichaam.
Hij geeft het niet op. Elke dag staat hij aan mijn bed. Op een gegeven moment ben ik het zo zat, dat ik overeind kom en met tegenzin mijn prothese aandoe.
"Gaat het wel", vraagt hij.
"Ja, natuurlijk gaat het", grom ik.
Ik stap mijn bed uit, stamp een rondje in de hal, loop een trap af en weer op. Ga hijgend op mijn bed zitten, doe mijn prothese af en ga weer liggen.
"Tevreden?", vraag ik.
Met een klein lachje om zijn mond verlaat hij mijn kamer.
De volgende dagen loop ik, voordat hij naar de afdeling komt, een rondje over de gang. Trap af, trap op. Als hij zijn neus om de deur steekt, meld ik dat ik mijn beweging al heb gehad.

Iedere dag voel ik me een stukje beter en na een week mag ik naar huis. Ik krijg nog steeds morfine, maar de pijn zou nu snel moeten afnemen en hopelijk kan ik gauw helemaal stoppen met de morfine. De komende vijf weken moet ik thuis verder herstellen. Dat betekent dat ik voorlopig vooral rust moet nemen. Ik mag niet zwaarder dan een kilo tillen en de enige training die ik mag doen zijn ademhalingsoefeningen. Daar ben ik in het ziekenhuis al mee begonnen en ik moet er thuis mee doorgaan. Hiermee train ik mijn longen en zal mijn longinhoud weer toenemen.
Ik heb al een paar keer rustig op de hometrainer gefietst, als ik op Moederdag voor het eerst een stukje buiten fiets. Met Ed en Juul ga ik naar het dorp en we lunchen op een terras. Het gaat goed en ik besluit de dag erna een stukje te gaan mountainbiken. Ik doe rustig aan en het voelt heerlijk om weer te bewegen.

Op 23 juni heb ik de eerste controle in het ziekenhuis. De scan ziet er goed uit! Ik voel me steeds beter en ik word langzaam fitter. Op 1 juli ben ik klaar voor mijn eerste training. Ik heb een afspraak met personal trainer en oud-snowboardster Bell Berghuis. Zij is op dit moment de allerbeste fysieke trainster die ik me kan wensen. We mogen elkaar graag en omdat ze zelf snowboardster is geweest weet ze precies welke oefeningen het geschiktst voor me zijn. We hebben om acht uur 's ochtends afgesproken. Dat is best vroeg, want het is vandaag Eds verjaardag. Hij wordt vijftig en dat gaan we vanavond vieren met een etentje voor familie en vrienden, in de tuin, maar eerst mag hij even lekker meetrainen. Op zijn leeftijd moet hij natuurlijk wel fit blijven, zeg ik pesterig tegen hem.

Half juli gaan we tien dagen op vakantie naar Spanje en begin augustus sta ik voor het eerst weer op een snowboard. Yes! Het voelt fantastisch. Ik word steeds sterker; begin oktober voel ik me weer helemaal fit. Ik ben klaar om het winterseizoen in te gaan, als ik een controle in het ziekenhuis heb. De longfoto's zien er goed uit, maar op de CT-scan is een vlekje op mijn long te zien. De tumor zit vlak naast de plek waar in maart een stukje is weggehaald. Nee, niet weer! Wat een enorme teleurstelling. Hier baal ik echt van. Zo snel na de vorige keer. Ik huil en vraag me vertwijfeld af hoe vaak ik dit nog aan kan. Mentaal kan ik het wel aan, maar hoe vaak kan mijn lichaam dit nog aan? Na een paar dagen huilen, zet ik de knop weer om. Ze moeten het zo snel mogelijk weghalen, dan heb ik dat maar weer gehad en dan ben ik zo snel mogelijk weer op de been, denk ik. Nog een laatste training in de sneeuw en op 29 oktober ga ik weer onder het mes. Deze keer duurt de operatie twee en een half uur. Ik hoor later van Ed dat hij en mijn moeder ontzettend ongerust waren dat het zoveel langer duurde dan anders. Ik heb er zelf natuurlijk niks van gemerkt.

Ik weet niet waarom, maar ik vond het deze keer heel eng om onder narcose te gaan. Ik was opeens bang dat het fout zou gaan, dat ik niet wakker zou worden. Bij eerdere operaties heb ik daar helemaal niet bij stilgestaan. Ik ging ervan uit dat ik wakker zou worden, maar nu spookte door mijn hoofd: de vijfde longoperatie, de zevende keer onder narcose. Het is allemaal mensenwerk. Iedere operatie is een risico. Het kan een keer misgaan.
Bij de eerste longoperatie ben ik er blind ingegaan. Toen dacht ik: ik zie het wel. De tweede keer dacht ik: wat ik één keer kan, kan ik ook twee keer. Zo dacht ik er bij de derde keer ook over: als ik het twee keer kan, kan ik het ook drie keer. En bij de vierde keer: dit is toch wel heftig. Maar nu was ik angstiger dan alle voorgaande

keren. Gelukkig ging het goed en werd ik 'gewoon' wakker.
Ik weet inmiddels hoe het herstel eruitziet: Pijn. Misselijkheid. Geen eetlust. Moe. Deze keer zijn mijn ribben twee en een half uur lang opengesperd geweest. De pijn die dat veroorzaakt kun je vergelijken met tien keer de pijn van een gekneusde rib, zegt een verpleegster. Ik ga dan ook door de grond van de pijn als ik moet overgeven of hoesten. Ed en mijn moeder zijn, net als bij de eerdere operaties, elke dag bij me in het ziekenhuis. Dat vind ik heel fijn. Ook Juul komt regelmatig op bezoek. Ik merk dat ze het alle drie vreselijk vinden om te zien hoeveel pijn ik heb. Ik voel me echt belabberd, maar ik weet dat ik nog even moet doorzetten. Het is niet anders.

Na een week in het ziekenhuis mag ik naar huis. Drie weken later maak ik voor het eerst een wandelingetje in de buurt. Het voelt heerlijk om een beetje te bewegen en frisse boslucht in te ademen. Ik wil zo snel mogelijk gaan trainen, want ik ben weer uitgenodigd voor de X-Games. Op mijn onderdeel doen alleen mannen mee en nu mag ik weer als enige vrouw bij de heren starten. Wat een eer!

Ik begin met rustig fietsen en bouw vervolgens mijn krachttraining langzaam op. Ik ken mijn lichaam goed. Ik weet wanneer ik wat aankan en wat ik niet aankan. Op het moment dat ik voel dat ik meer energie heb, maak ik de training steeds iets zwaarder. Ik doe mijn balansoefeningen op de *bosu* fitnessbal, dribbel voor mijn coördinatie door de touwladder, ik ga mountainbiken en pak mijn buikspieroefeningen op. De tijd vliegt voorbij. Het is te snel eind januari. Ik baal ervan, maar de X-Games komen te vroeg voor mij. Ik ben nog niet fit genoeg om deel te nemen.

Ondanks alles blijf ik positief. Dat heb ik van mijn moeder. Zij staat heel positief in het leven en ze heeft me altijd geleerd: hoe slecht een situatie er ook uitziet, achter de donkere wolk schijnt de zon. Als ik slecht nieuws krijg - en dat heb ik dit jaar een aantal keren gehad - mag ik natuurlijk verdrietig zijn. Ik zit ook weleens huilend op de bank, maar ik kies er heel bewust voor om een eindpunt aan mijn verdriet te stellen, om er niet in te verdrinken. Wat er ook gebeurt, we kijken naar wat er wél goed gaat en daar genieten we van. Ed en ik willen dat aan onze kinderen meegeven door hen te laten zien dat wij dat ook doen. Heel vaak vragen mensen aan mij hoe ik dat kan, maar ik kan niet anders. Ik ben ervan overtuigd dat je altijd twee keuzes hebt in het omgaan met tegenslagen. Ik kies er heel bewust voor om de positieve weg in te slaan. De vraag: 'Waarom ik?' heb ik me bewust nooit gesteld. Daar word ik alleen maar verdrietig van, daar kies ik niet voor.

Ik heb zeven keer kanker gehad en de laatste vijf keer zat het in mijn longen. Dat beschouw ik bijna als een hardnekkige blessure. Ik weet hoe de operatie gaat, hoelang er voor het herstel staat en wat ik kan doen qua training. Af en toe klinkt er een stemmetje in mijn hoofd: 'Wat als het terugkomt? Wat als het in één keer overal zit?' Dat kan zomaar gebeuren, maar ik wil er niet te lang bij stilstaan. Daar help ik niemand mee en mezelf al helemaal niet. Mensen vragen vaak aan Edwin of het geen struisvogelpolitiek van mij is. "Dat ze maar doorgaat, zodat ze niet stil hoeft te staan bij wat er gebeurt", zeggen ze dan.

Dan antwoordt hij: "Struisvogels zijn zo gek nog niet. Op deze manier werkt het voor haar. Bieb kan zich heel erg goed focussen op alles wat wel goed gaat en waar ze wel blij van wordt." En dat klopt. Positief zijn, genieten van het leven, mijn gezin, mijn vrienden en me vastbijten in sportprestaties: wedstrijden waar ik naartoe wil werken. Snowboarden was het afgelopen jaar echt mijn houvast. Mijn lifeline. Er staat altijd wel een belangrijke wedstrijd op de agenda die ik wil winnen. Zo stel ik doelen en kan ik doorgaan. Ik ben ervan overtuigd dat mijn lijf door het sporten ook meer aan kan. Dat mijn lijf gezonder is en mijn immuunsysteem sterker, waardoor ik beter strijd tegen kanker kan leveren. En dat het werkt...daarvan ben ik het levende bewijs.

De breuk

Na het winnen van mijn gouden medaille bij de Paralympische Spelen in Sotsji krijg ik vaak de vraag of ik doorga met snowboarden en of ik aan de Spelen van 2018 wil deelnemen. Daar moet ik heel goed over nadenken, want bij de volgende Spelen ben ik vijfenveertig jaar.

Voorop staat dat ik de sport nog steeds het allerleukste vind om te doen. Ik vind het heerlijk om in de bergen te zijn en te snowboarden. Ook wil ik de sport heel graag verder brengen en wil ik graag nog meer bereiken met de stichting. Ik wil niet dat de Mentelity Foundation een kleine stichting blijft. Ik wil iets in de melk te brokkelen hebben en echt iets betekenen voor mindervalide kinderen en jongeren. Er zijn veel stichtingen die zich inzetten voor mensen met een geestelijke of lichamelijke beperking. Veel van die clubs bedienen hun eigen doelgroep. Als ze zich inzetten voor vijftig kinderen is het al veel. Dat is goedbedoeld, maar ik denk dat we, als we samenwerken, meer kunnen betekenen en veel meer kinderen kunnen bereiken.

Ik realiseer me dat ik als actieve sporter veel meer voor de gehandicaptenwereld kan betekenen dan wanneer ik achter de schermen verdwijn. Vandaar dat ik heel graag wil doorgaan met snowboarden en mijn titel in maart 2018 in het Zuid-Koreaanse Pyeongchang wil verdedigen. Dat vergt niet alleen inzet van mij, maar het betekent ook dat het hele gezin offers moet brengen. Ed en ik bespreken met de kinderen hoe zij erover denken. Of we dit als gezin nog willen? Voor hen is het een belasting als ik doorga. Ed en ik zijn - vooral in de winter - twee weken per maand weg. Als je aan Julian vraagt wat hij niet leuk aan mij vindt, antwoordt hij dat ik altijd weg ben. Hij is begin februari jarig en de afgelopen jaren hebben we zijn verjaardag nooit met hem op de dag zelf kunnen vieren. In februari zijn er altijd wedstrijden. Toch gunt Juul mij mijn sportcarrière. Omdat hij weet hoe gelukkig ik er van word. Na ons 'gezinsberaad' zeggen de kids: "Oké, jij mag doorgaan tot de volgende Paralympische Spelen, maar dan willen wij wel mee naar Zuid-Korea." Natuurlijk. Graag zelfs.

Voor de Spelen in Sotsji ben ik al door de IPC gepolst of ik na Sotsji nog vier jaar door wil gaan. "Mocht je stoppen, dan willen we graag met je praten en zijn we geïnteresseerd om jou een baan aan te bieden", zeiden ze.

Bij de Nederlandse Ski Vereniging (NSkiV) heeft niemand gevraagd of ik na mijn 41ste nog door wilde gaan met topsport. Als ik had gezegd dat ik ging stoppen, hadden ze kunnen vragen wat ik wilde gaan doen. Ze hadden me kunnen vragen of ik het leuk zou vinden om te gaan coachen, omdat ik de meeste ervaring heb om minder valide kids te coachen. Maar niemand heeft mij iets gevraagd. De relatie met de bond liep in de aanloop naar Sotsji al wat stroever. Voor de Spelen was er in Utrecht een weekend voor geplaatste en potentiële paralympische skiërs en snowboarders georganiseerd. Bij het paralympische skiteam was iedereen uitgenodigd. Niet alleen de sporters, maar ook de bondscoach, de assistent-bondscoach, degene die de ski's waxt. Iedereen die maar iets deed bij het paralympische skiteam. Bij de snowboarders waren alleen de atleten uitgenodigd. Edwin was niet uitgenodigd, terwijl hij op dat moment de coach van ons team in het algemeen en van mij in het bijzonder was.

Ik zei tegen de technisch directeur van de bond: "Edwin is niet uitgenodigd, maar je weet wie ik mee wil hebben als coach. Als je van plan bent één van de alpine coaches bij mij aan de start te zetten, dan heb je aan mij een slechte. Ik ben niet meer de atlete van achttien jaar die alles goed vindt. Als ik naar Sotsji ga, wil ik dat Edwin mijn coach is. Dit is zoiets belangrijks in mijn leven. Dat wil ik met mijn man delen. Hij is mijn steun en toeverlaat. In de sport en privé. In alles. Hij ziet van een kilometer afstand hoe ik me voel. Dit is de coach die ik vertrouw en de persoon die ik aan de start wil hebben. Daar hoeft niemand mij te vertellen hoe ik moet snowboarden, maar ik wil daar iemand hebben die me vertrouwen inspreekt en me op mijn gemak stelt en zegt dat ik het kan. Hij is daar de geschikte persoon voor." Na veel hangen en wurgen ging Edwin als coach mee naar Sotsji.

Na de Spelen ontvangen alle atleten een mailtje van de NSkiV met een uitnodiging om te komen praten over het komende seizoen. Het mailtje is naar alle atleten gestuurd, behalve naar Ed en naar mij. Dat vinden niet alleen wij, maar ook de ouders van de sporters die wij hebben getraind, vreemd. Vooral als ik een dag later door de bond word uitgeroepen tot erelid en Edwin een bos bloemen krijgt omdat hij als coach zulke goede prestaties heeft neergezet met ons als team.

In de mail staat dat de bond een paralympisch team gaat starten en dat ze alle atleten uitnodigen om lid te worden van dat team. Edwin en ik zijn dus niet uitgenodigd. Alle atleten eisen dat de NskiV eerst een gesprek met ons aangaat. Het voelt voor mij heel gek dat de bond ineens een parasnowboardteam start zonder enig overleg met ons. Ik heb acht jaar lang geknokt om snowboarden op de paralympische kalender te krijgen en in die acht jaar was de bond nooit geïnteresseerd in aangepast snowboarden. Vervolgens hebben wij met de stichting een heel team op de been gekregen en won ik goud op de Spelen. Ik kan niet geloven dat niemand mij over een paralympisch team geïnformeerd heeft. Als ze ons hadden uitgenodigd, hadden we samen waarschijnlijk iets heel moois kunnen opzetten, maar nu is het vertrouwen verdwenen. Waarschijnlijk dachten ze: Bibian is zo vriendelijk en meegaand. Die gaat overal mee akkoord. Maar ook ik heb mijn grenzen, en het parasnowboarden is een beetje mijn kindje. Ik weet dondersgoed waar ik naartoe wil en hoe ik dat wil. De buitenwereld ziet me vaak als dat vriendelijke, zachtaardige en meegaande meisje. En dat ben ik ook, totdat je aan een punt komt dat het niet meer verder kan en dan haal ik even uit.

Het liep dus allemaal heel raar met de bond. Edwin is officieel niet opgeleid tot coach, maar hij heeft wel een goed sportoog. Hij weet veel van bewegen, kan heel goed analyseren en hij kent mij goed. Omdat hij altijd met mij meeging naar trainingskampen en wedstrijden is hij steeds meer taken gaan oppakken. In mijn optiek werd hij, omdat hij ook mijn man is, alleen gezien als 'de man van.' In plaats van dat ze hem als coach serieus namen. Terwijl hij er wel mede voor heeft gezorgd dat de andere parasnowboarders op de Spelen stonden.
Nadat wij in Sotsji de gouden medaille hadden gewonnen, realiseerde men zich bij de bond dat er over vier jaar meer medailles te halen zijn en werd er een paralympisch team

opgericht en een trainingsprogramma op touw gezet. Vanuit bondsperspectief begrijp ik dat wel, want op paralympische onderdelen zijn de kansen op medailles groter dan bij de olympische onderdelen. De bond wil natuurlijk zoveel mogelijk medailles winnen. Dat is een kortetermijnvisie. Vanuit hun optiek is dat logisch, maar ik kijk verder en breder dan de medailles die we op de volgende Spelen kunnen halen. Ik wil een beweging in gang zetten, waardoor mindervalide mensen anders naar sport gaan kijken. Ik wil aan mensen met een beperking laten zien dat zij een sport als deze, die als extreem wordt gezien, ook kunnen beoefenen. Dan kan er op lange termijn iets wezenlijk positiefs veranderen voor mensen met een handicap.

Ik heb van 2009 tot en met 2013 in het bestuur van de NSkiV gezeten. In die tijd werd er steeds meer samengewerkt tussen valide en minder valide bonden. Dat gebeurde onder invloed van de overheid, die al jaren pleitte voor organisatorische integratie. Door samenwerking konden kosten bespaard worden. Daar ben ik een groot voorstander van, maar de samenwerking had ook tot gevolg dat bonden van valide sporters ineens te maken kregen met mensen met een beperking. Ze wisten niet hoe ze daarmee om moesten gaan. Als bond moet je wel affiniteit hebben met minder valide sporters en moet je je kunnen inleven in de wereld van een gehandicapte. Het is een totaal andere manier van coachen. Mensen met CP, een niet-aangeboren hersenafwijking, moet je bijvoorbeeld op een andere manier benaderen dan een valide sporter. Ze zijn niet zo ad rem als valide sporters, ze zijn minder flexibel en kwetsbaarder. Houd daar rekening mee.

Tegen iemand zonder armen kun je niet zeggen: "Trek harder uit de *start gate*." Als je geen armen hebt, kun je dat niet. Begrijp me goed, je hoeft minder valide sporters niet te vertroetelen. Je moet hen net als valide sporters beoordelen op hun prestaties. Ik keek een keer naar het WK zwemmen voor minder validen, en toen leek het of iedereen zo'n beetje een medaille kreeg. Dat vind ik geen topsport. Niet iedereen kan winnen. Topsporter zijn is een beroep. Het is werk; dat is negen van de tien keer heel erg leuk en die tiende keer niet. Dan moet je niet klagen, want werk is gewoon niet altijd leuk. Maar als coach moet je wel rekening houden met iemands beperking. Je moet samen met de sporter bedenken hoe je tot een optimale prestatie kunt komen, met inachtneming van de handicap. Dat lijkt mij voor een coach een leuke uitdaging.

Ed en ik hebben een jaar geprobeerd om samen te werken met de bond. De samenwerking verliep echter niet lekker. Dat lag aan beide kanten, maar het had als gevolg dat ik langzaam het plezier in mijn sport verloor en ik vind plezier juist het allerbelangrijkste.

Een maand na mijn tweede longoperatie in 2015 besluiten we los van de Nederlandse Ski Vereniging te gaan trainen. Ik start mijn eigen team! Nu kan ik met Ed mijn route uitstippelen, mijn eigen keuzes maken en het meeste uit mijn snowboardcarrière halen. Ik vraag me af wie een goed trainingsmaatje voor me zou kunnen zijn. Met wie zou ik een samenwerking kunnen aangaan? Finland heeft momenteel de beste en de snelste man in het parasnowboarden. Ik ken zijn coach van vroeger en ik heb veel respect voor hem, mede om zijn technische kwaliteiten.
Ik neem contact met hen op en zeg: "Edwin en ik gaan los van de bond trainen. Aangezien jullie ook een eenmansteam zijn, is het misschien een idee om samen te trainen en de kosten te delen?" Dat vinden ze een goed plan. Matti Suur-Hamari is nu mijn trainingsmaatje en zijn coach Mikko Wendelin is mijn technisch trainer.

De onvrede tussen Ed en mij en de bond sluimerde al een tijd, maar ik vind het heftig hoe het is gegaan. Aan de andere kant is het zoiets kleins als je het vergelijkt met mijn gezondheidssituatie van afgelopen jaar. Twee longoperaties en twee keer een maandenlange revalidatie. Alles bij elkaar was het seizoen 2015/2016 een stressvol seizoen, maar sportief gezien was het ook een heel succesvol seizoen. Chris, Lisa en ik hebben samen maar liefst vierentwintig medailles gewonnen.

Onze bruiloftstaart, helemaal alleen door Annabella gemaakt. *(Foto: Ivo Geskus.)*

Onze trouwceremonie, met mijn nichtje die ons in de echt verbindt. *(Foto: Ivo Geskus.)*

Mijn heerlijke gezin. (Foto: Ivo Geskus.)

(Foto: Mathilde Dusol.)

Genieten in de bergen. *(Foto: Mathilde Dusol.)*

Gekozen tot Paralympische sporter van 2014.

De Jaap Eden trofee! Loodzwaar... ;-)

Weer die kut kanker

Mei 2016 - Het is vrijdagmiddag. De wachtkamer op de afdeling Oncologie is leeg. Blijkbaar is er geen spreekuur. Ik heb afgelopen week een scan gehad en Ed en ik horen vanmiddag de uitslag. Als we de kamer van dokter Dijkstra inlopen, begroet hij ons hartelijk.

Maar we zitten nog maar net, als hij zonder omwegen zegt: "Bibian, er zit een tumor in je hilus."
Wat? Shit! Ik zit verstijfd in mijn stoel. Een tumor? In mijn hilus? Wat is mijn hilus? Ik wist niet eens dat ik een hilus had.
Sander Dijkstra legt uit dat de hilus de plek is waar bloedvaten, lymfevaten en zenuwen de poort tot de longen vormen.

"Op de plek van de tumor zitten heel veel bloedvaten. We vinden het niet verantwoord om de tumor operatief te verwijderen. Het risico dat we een bloedvat raken is te groot. Als dat gebeurt, kunnen we niks doen om de bloeding te stelpen. Het bloed loopt je longen in en je overlijdt doordat je verdrinkt in je eigen bloed."
Voordat we iets kunnen zeggen, vervolgt hij: "Als we het deel van de hilus weghalen waar de tumor zit, moeten we ook de hele rechterlong verwijderen. Dan houd je alleen je linkerlong over. Die is door je eerdere operaties al kleiner dan rechts. Je kwaliteit van leven gaat dan enorm achteruit, want je houdt nog zo'n dertig procent van je longcapaciteit over. En het risico bestaat dat er alsnog tumorcellen zitten in het deel van de hilus dat achterblijft. Daar schiet je dus ook weinig mee op."
Ed en ik kijken hem verbijsterd aan. Dijkstra schuift heen en weer op zijn stoel, kijkt me dan recht in de ogen en zegt: "Zoals je weet zou chemo alleen vertragend werken, maar daarmee krijgen we de tumor niet weg. Door chemo zou je kwaliteit van leven ook erg achteruit gaan. En als we gaan bestralen raken we teveel gezond weefsel om de tumor heen. Dit betekent dat we op dit moment niks voor je kunnen doen. We gaan van curatief naar palliatief. Van werken aan genezing naar zorgen voor een zo lang mogelijk, kwalitatief goed leven."
"Dat is kut", zegt Edwin en hij schiet vol.

Ik ben murw en kan niks zeggen. Dit had ik totaal niet verwacht. We wisten wel dat er een plekje op mijn long zat, maar we dachten dat ik weer geopereerd ging worden. Dat heb ik al vijf keer eerder meegemaakt, dus deze keer kon er ook nog wel bij. Ik slaak een diepe zucht. Goed, als ik heel eerlijk ben was ik er wel op voorbereid dat dit bericht misschien ooit een keer zou komen. Ik had deze boodschap stiekem ergens achterin mijn hoofd opgeslagen. Maar nu ik hem daadwerkelijk krijg, ben ik compleet verslagen. Naast me hoor ik Edwin slikken.

"Jullie kunnen toch wel iets doen", stamelt hij.
"Nee. We zouden het echt niet weten. We hebben met het hele team overlegd en er is niets wat we kunnen doen", herhaalt Dijkstra. "Ik denk dat jullie dit thuis moeten laten bezinken en met jullie kinderen moeten bespreken."
"Maar hoelang heeft ze dan nog", vraagt Ed. "Denken jullie aan weken, maanden, jaren?"
"Daar kunnen we niks over zeggen", antwoordt Dijkstra.
Ed slaakt een diepe zucht.
Een kwartier nadat we Dijkstra's kamer zijn binnengegaan, verlaten we het LUMC.

In gedachten lopen we naar de auto. Als we zijn ingestapt, zegt Edwin, zijn ogen vol vuur: "Ik ben zo pissig. Dat ze zeggen dat ze niks kunnen doen. Dat ze geen plan van aanpak hebben. Hoe kan dat nou? Ik snap er niks van. Bieb, ik weet één ding zeker: er is echt nog iets aan te doen. En dat ga ik vinden." Ik denk alleen maar: hoe ga ik Juul vertellen wat we net hebben gehoord?
Ed belt vanuit de auto zijn ex Melanie om haar te vertellen wat we net hebben gehoord. Zij zal Laila en Annabella een beetje voorbereiden op het slechte nieuws. Ed gaat straks naar hen toe om het verder uit te leggen. Melanie had twee jaar geleden borstkanker. Dat was natuurlijk ook heel heftig voor Laila en Bella. Zij heeft chemo gehad en gelukkig gaat het nu weer goed met haar. Maar bij mij is de kanker terug. En de artsen kunnen niks voor me doen. Ik slik en duw mijn tranen naar binnen.
Juul zit met zijn vriendinnetje op zijn kamer. Ze maakt nog niet zo lang deel uit van ons gezin en omdat we haar niet met dit nieuws willen belasten, doe ik alsof Juul, net als iedere vrijdagmiddag, naar turntraining gaat.

"Kom even bij me zitten, Juul", zeg ik als ze weg fietst. "Ik moet je iets vertellen."
Ik vertel hem wat Sander Dijkstra heeft gezegd. Hij kijkt me met grote ogen aan, is even stil en zegt dan: "Ja maar, als ze niks meer voor je kunnen doen, ga je dan dood, mama?" Die grote groene ogen die me verschrikt aankijken vergeet ik nooit meer. De angst die ik in zijn ogen zie, snijdt door mijn hart. Mijn eerste reactie is om zijn angst weg te nemen en het lichter voor hem te maken. "Juul, ik ben niet van plan dood te gaan", zeg ik strijdlustig. "Ik wil een heel oud, grijs omaatje worden en heel erg genieten van jouw kinderen, mijn kleinkinderen." Ik trek hem naar me toe, geef hem een zoen op zijn wang en houd hem goed vast.

Juul is opgegroeid met een moeder die kanker heeft, maar daarvan altijd geneest. De associatie van kanker en doodgaan heeft hij niet. Hij was twee jaar toen hij voor het eerst bij me op bezoek kwam in het ziekenhuis. Ik lag daar, vlak na een operatie. Ik had heel veel pijn en kon hem niet knuffelen. Dat begreep hij niet. Hij was van slag door de slangetjes, het bloed en dat zijn mama daar lag. Het was zo traumatisch voor hem dat ik zei: "Laten we hem maar niet meer meenemen naar het ziekenhuis. Als ik thuis ben, ben ik nog zwak, maar dan kan ik hem wel een knuffel geven." Toen ik thuiskwam, was hij zo lief. Hij duwde iedereen die in zijn ogen te dicht bij mij in de buurt kwam opzij en zei: "Voorzichtig met mama."

Kort daarna ging hij van zijn ledikantje naar zijn eigen, grotemensen-bed omdat ik hem niet in zijn ledikantje kon tillen. Daar lag hij. Dat kleine hummeltje van twee jaar in zo'n groot bed. Eigenlijk vond hij het eng, maar tegelijk ook wel heel stoer. In die tijd had ik een soort schuldgevoel. Wat moet ik hier mee? Hoe kan ik het goed doen voor hem? Ik wil niet dat mijn kind opgroeit met zo'n zware belasting. Ik heb altijd geprobeerd het lichter te maken voor hem. Er geen drama van te maken. Maar nu weet ik even niet wat ik kan zeggen. Tot nu toe was er elke keer een behandeling mogelijk. Deze keer niet.

"Wil je nog turnen?", vraag ik als we een tijdje zwijgend met onze armen om elkaar op de bank hebben gezeten.
"Nee, ik wil bij jou blijven", antwoordt hij zachtjes.

Edwin is inmiddels weer thuis. Hij vertelt dat Bella zich op haar slaapkamer had opgesloten. Hij hoorde haar huilen. Laila had juist heel veel vragen. Ze wilde alles weten.
"Ik heb haar verteld dat het erg is, maar dat ik iets ga vinden om jou beter te maken Bieb. Dat ze niet bang hoeft te zijn dat je doodgaat. Daarna ben ik naar Bella gegaan. We hebben niet veel gepraat, maar we hebben lang geknuffeld."
We zitten een tijd zwijgend met zijn drieën op de bank.

"Zullen we straks met zijn allen uit eten gaan?", stelt Edwin voor. "Dan vraag ik Laila en Bella ook mee." Hij belt de meiden en vraagt of ze mee gaan. Annabella antwoordt dat ze het nog niet weet, maar even later besluit ze dat ze toch mee wil. Als we het restaurant binnenlopen, wijst de ober naar de zespersoonstafel bij het raam. Ed en ik kijken elkaar aan. Het is niet te geloven. We zijn met zijn vijven en we vragen nooit om die tafel, maar we krijgen hem altijd. Het is echt onze stamtafel. Ik maak er een grapje over om de spanning te breken. De kids zijn erg stil. Voordat we bestellen, zeg ik: "Jongens, kom op. We gaan er nu even niet meer aan denken. Alles wat gezegd moet worden, is gezegd. We gaan nu lekker eten. Ik wil van jullie en van het eten genieten."

Even later is de tweeling met Edwin aan het dollen, en Juul en ik sluiten ons bij hen aan. Vier tegen één. Als we weer een grap over hem maken, zegt Ed, wijzend naar de lege stoel naast hem: "Wat zijn jullie vervelend tegen mij. Gelukkig is Natascha er. Die is tenminste wel aardig tegen mij." Hij schenkt water in het glas van zijn imaginaire vriendinnetje. Als de ober weer bij onze tafel staat, wil hij het bord en het bestek voor de zesde persoon weghalen. "Nee nee, laat maar staan", zegt Edwin met een knipoog. "Hier zit mijn vriendin Natascha."
"Oh ja, ik zie het", speelt de ober het spel mee.

Als hij onze bestelling brengt, doet hij of hij Natascha op de schouder klopt en zegt: "Wilt u iets anders drinken dan water?"
Edwin reageert: "Uhhh sorry, maar nu zit je aan haar borsten."
De ober: "Oh sorry, Natascha." Als hij wegloopt, heeft hij zowaar een rood hoofd. De meiden liggen in een deuk van het lachen. Juul lacht en trekt zijn wenkbrauwen naar mij op. Ed en ik kijken

elkaar aan. Ondanks, of misschien wel dankzij, het ontzettend slechte nieuws van vandaag, beleven we één van de meest bijzondere etentjes die we ooit hebben gehad met zijn vijven.

Als ik wakker word, denk ik meteen aan het gesprek met dokter Dijkstra. Het voelt zo onwerkelijk. Ik voel me net zo fit als gisterochtend toen ik wakker werd, maar nu weet ik dat de artsen niks meer voor me kunnen doen. 'Laat het maar bezinken en denk na wat je wilt. Als jullie vragen hebben, kunnen jullie met Nicolette contact opnemen', zei Dijkstra voordat we zijn kamer verlieten. Nicolette Leijerzapf is zijn assistente. Toen mijn onderbeen geamputeerd werd, was zij verpleegster. Ze heeft me toen heel goed begeleid. Ze was er echt voor me. Het is fijn dat we haar nu als contactpersoon hebben. Naast me hoor ik Edwin tikken op het toetsenbord van zijn laptop. Hij is op internet aan het zoeken naar mogelijke behandelingen. We zijn ervan overtuigd dat we de beste artsen hebben, maar misschien weten zij ook niet alles. Misschien is er een therapie of een medicijn dat zij niet kennen. Misschien in het buitenland? Als Edwin ziet dat ik wakker ben, legt hij de laptop opzij. Ik kruip in zijn armen.

Edwin stimuleert me om leuke dingen met mijn vriendinnen en mijn moeder te doen. Als ik thuis ben brengen we veel tijd samen door, maar als ik op pad ben is hij continu online om een behandeling te zoeken die me kan helpen. Als ik niet zo'n zin heb om met iemand af te spreken, stelt hij voor om samen in de jacuzzi in de tuin te gaan zitten. Terwijl de motregen zachtjes op mijn gezicht landt, lig ik heerlijk in zijn armen in het warme, masserende badwater. De afgelopen jaren sprak hij nooit uit zichzelf over kanker, omdat hij dacht 'misschien denkt Bieb er nu even niet aan', maar sinds mijn 'doodvonnis' praten we veel. Er is ook zoveel om over te praten. Vergissen de artsen zich niet? Is er echt geen behandeling? Wat als ik dit niet overleef? Ik ben niet bang voor de dood, maar ik geniet zo ontzettend van het leven. En hoe moet het met Juul? Ed heeft geen poot om op te staan wat betreft Juul. Pep en ik hebben gedeeld voogdijschap. Dat kun je niet verder onderverdelen. Dat maakt het best wel lastig. Juul weet niet anders dan dat Ed mijn man is. Hij was twee en een half jaar toen Ed en ik een relatie kregen. Als ik zie hoe Ed en Julian met elkaar omgaan... Het zijn maatjes, elkaars beste vriendjes. Juul is dol op zijn stiefvader. Als we op de bank liggen, kruipt hij net zo graag tegen Ed als tegen mij aan om lekker te knuffelen. Dat is heerlijk om te zien. Julian is dertien. Ik moet nog minimaal vijf jaar, tot hij achttien is. Dan is hij volwassen en dan kan hij het allemaal veel beter aan.

Ed is elke nacht online. Op zoek naar een behandeling die mij kan helpen. Hij heeft aan een arts die hier in de buurt woont gevraagd wat goede websites zijn om gedegen informatie te krijgen. Nu mijn diagnose bekend is, ontvangt hij ook veel mails met goedbedoelde adviezen van vrienden en familie, en van onbekenden. Mensen willen graag helpen als ze iets horen over een 'wondermiddel', in de hoop dat zij iets kunnen aanbieden waardoor ik beter word. En als je in mijn positie zit, ga je die mails uiteraard niet ongelezen weggooien. Stel je voor dat er iets bij zit dat mij kan helpen. Ed is ook aan het googelen naar behandelingen in het buitenland. Je weet maar nooit. Sowieso wil hij altijd alles tot in de puntjes weten. Van de operaties die ik in de afgelopen jaren heb ondergaan weet hij tot in detail wat er is gebeurd. Alsof hij er bij was. Als je het hem zou vragen, zou hij grappend zeggen dat hij meer weet dan de artsen. Ik ben heel anders. Ik hoef het allemaal niet te weten. In dat opzicht lijk ik ook totaal niet op mijn moeder. Zij houdt al zestien jaar alle ontwikkelingen op het gebied van kanker, bestraling en chemo bij. Ze kijkt online naar lezingen van artsen en ze gelooft heel erg in alternatieve geneeswijzen en natuurlijke remedies. Ze zegt altijd: "Chemo is puur vergif. Jij gaat nooit aan de chemo, Bieb." Ze is het vertrouwen in de wetenschap kwijt, omdat er ook veel mensen zijn die alleen maar geld willen verdienen.

Na de eerste schrik over het slechte nieuws, zei mijn moeder tegen mij: "Dit accepteren we niet lieverd." En sindsdien stuurt ze elke dag, ik overdrijf niet, vijftig mails met informatie over therapieën, alternatieve behandelingen en geneeswijzen naar Edwin. Ik begrijp heel goed dat ze iets wil vinden wat me kan helpen. Niets moet vreselijker zijn dan te zien dat je kind ziek is en dat je er niks aan kunt doen. Het lijkt me voor haar heel pijnlijk, maar soms wordt het me teveel. Dan wil ik tegen mijn moeder zeggen: "Lieverd, ga iets leuks doen. Het is mooi weer. Ga genieten van de zon."

Ed heeft met zijn online zoektocht informatie over een nieuwe behandelmethode in de Verenigde Staten gevonden. Het gaat om een nieuw apparaat, een combinatie van een MRI-scanner en een bestralingsapparaat waarmee ze patiënten helpen bij wie de traditionele manier van bestralen geen goede optie is. Je kunt er heel gericht mee bestralen, waardoor er minder gezond weefsel wordt bestraald en het gezonde weefsel dus minder schade ondervindt. Dat klinkt heel goed. Ed heeft met Houston gebeld en iemand gesproken die zei dat ze niet bij voorbaat kunnen zeggen of ze iets voor mij kunnen betekenen, omdat ik zo'n zeldzame vorm van kanker heb. Wereldwijd zijn er maar een paar honderd mensen die aan deze vorm van kanker, clearcell chondrosarcoom, leiden. We kunnen een intakegesprek krijgen. Dat klinkt goed, maar er wordt meteen bij verteld dat alleen dit gesprek al 45.000 dollar kost. Als een intakegesprek dat al kost, wat kost een behandeling dan wel niet? Als we niks anders vinden moeten we wel naar Houston, maar hoe gaan we het intakegesprek en daarna eventueel een behandeling betalen?

"Als het moet verkopen we het huis, Bieb", zegt Edwin. "Ik woon liever in een hutje op de hei met jou, dan dat ik hier woon zonder jou."
"Hopelijk vinden we een andere oplossing", zeg ik.

Als we een week later naar het ochtendjournaal kijken, zien we een item over de MRIdian. Zo heet het apparaat waarover Ed gelezen heeft. Er wordt gezegd dat het VU medisch centrum in Amsterdam als eerste behandelcentrum in Europa met de MRIdian werkt. Ze noemen het een revolutionair bestralingsapparaat met goede resultaten en minder bijwerkingen. Vooral geschikt voor behandeling van tumoren in bewegende organen, zoals hart, maag en longen. We zijn verbijsterd. Het apparaat staat ook in Nederland! In Amsterdam nog wel. Dat is op steenworp afstand van ons huis. Ed belt gelijk naar het UMC in Leiden om te vragen of ze ons kunnen doorverwijzen naar de VU. Een aantal vrienden die het journaal ook hebben gezien, appen en bellen mij: 'Kan dit apparaat jou helpen, Bieb?'

Dokter Dijkstra heeft tijdens het slechtnieuwsgesprek gezegd dat we, als we dat willen, een afspraak met een oncoloog en een radiotherapeut kunnen maken. Het is best gek dat ik in de zestien jaar dat ik met kanker te maken heb, nog nooit met een oncoloog of een radiotherapeut heb gesproken. De enige die ik sprak was de orthopedisch chirurg. We maken een afspraak met oncoloog dokter Gelderblom en radiotherapeut Haasbeek. Gelderblom heeft al die jaren meegekeken met mijn case. In het ziekenhuis hebben ze teams van specialisten die een case bespreken en met elkaar besluiten wat het beste behandelplan is. Dokter Gelderblom kent mijn medisch dossier tot in detail, maar we hebben elkaar dus nooit ontmoet.

We vragen of de artsen gehoord hebben over de MRIdian in Amsterdam, hoe ze denken over een behandeling en of ik ervoor in aanmerking kom. Dokter Haasbeek zegt dat ze me door kunnen verwijzen naar de VU en dat ze daar gaan kijken of de behandeling voor mij geschikt is. Ed en ik kijken elkaar opgetogen aan. Wauw! Dat is goed nieuws! Ons enthousiasme wordt echter getemperd als we horen dat afgelopen jaar één van de patiënten die in de VU met de MRIdian behandeld is, is overleden.

"Stel dat ik volgende week met die bestraling begin en ik zou complicaties krijgen, zou het dan kunnen dat ik over een maand niet meer leef", vraag ik.
"Ja, dat is een risico", knikken de doktoren.

Na het gesprek in het ziekenhuis hebben we gemengde gevoelens. Er is toch een behandeling in Nederland mogelijk. Dat is goed nieuws. Maar de behandeling draagt ook grote risico's met zich mee. We balen ervan dat de artsen zelf geen ideeën of behandelmogelijkheden aandragen. We hebben zelf op internet de MRIdian gevonden, terwijl die nota bene in Amsterdam staat. Dokter Gelderblom zei nog dat hij mijn case op een oncologische beurs, waar hij binnenkort naartoe gaat, met collega's zal bespreken. Verder tonen de doktoren weinig initiatief. We vragen ons af of zij de behandeling met de MRIdian zouden hebben voorgesteld, als wij er niet over waren begonnen. Door te wijzen op het risico van de bestralingen met de MRIdian heeft ons optimisme wel een knauw gekregen. We weten echt niet wat we moeten doen. Moet ik dan toch mijn long laten verwijderen en maar afwachten hoe ik uit die operatie kom? Of alle tumorcellen

dan inderdaad verwijderd zijn en wat ik dan nog kan? Topsport is dan sowieso verleden tijd, maar met een longcapaciteit van dertig procent kan ik nauwelijks nog een trap oplopen. Als ik nu zou kunnen kiezen: mijn huidige situatie of nog vijftig jaar leven en elke vijf jaar een longoperatie zoals ik er al vijf heb gehad, zou ik tekenen voor het laatste. Dan weet ik tenminste wat ik kan verwachten. Nu weet ik niks. Ik ben de wanhoop nabij.
"Zal ik professor Taminiau mailen?", vraag ik Ed. "Misschien heeft hij nog ideeën."
Taminiau is inmiddels gepensioneerd, maar we hebben nog steeds contact. In een mail leg ik hem mijn situatie uit. Ik schrijf erbij dat ik graag met hem wil overleggen. Gelukkig reageert hij snel en twee dagen later spreken we af.

"Hoe voel jij je, Bieb?", vraagt hij.
"Ik voel me super", antwoord ik. "Ik ben fit, ik ben aan het trainen. Er is niks waardoor ik zou denken dat ik ziek ben."
"Oké, dat is mooi", is zijn reactie. "Laten we alle opties op een rijtje zetten. We hebben chemo, maar daar reageert jouw tumor niet voldoende op. Bestraling is riskant in dat gebied, met al die bloedvaten en zo dichtbij de bronchiën, en relatief dichtbij het hart. Er is ook een risico dat er een ader scheurt en dan bloed je dood. Als ze gaan opereren moeten ze, om de tumor in de hilus weg te halen, de hele rechterlong verwijderen. Dat is een risicovolle operatie en in het deel van de hilus dat achterblijft kunnen nog kankercellen zitten. Er is dus kans dat de tumor terugkomt. Er is ook nog de optie om niks te doen, maar dat is niet echt een optie."

Ik zucht diep en zeg: "Het enige wat ik kan laten doen is mijn rechterlong laten verwijderen? En zelfs als de operatie goed gaat kan ik nog amper een trap op- en aflopen?"
Taminiau: "Je long weg laten halen, daar zou ik nu nog niet voor kiezen. Dat zou een laatste redmiddel kunnen zijn om in leven te blijven. Ik hoorde dat de VU het aandurft om jou te bestralen met die nieuwe methode, met de MRIdian. Daarmee kun je veel gerichter bestraald worden. Wat vind je daarvan?"
Ik vertel wat de radioloog heeft gezegd. "Die MRIdian lijkt een keus, maar volgens dokter Gelderblom is het wel een risicovolle keus."

"Dat is zo Bieb, maar artsen moeten patiënten nu eenmaal op de risico's wijzen. Als ik kijk hoe jij hersteld bent van eerdere operaties en hoe fit en fysiek sterk jij nu bent, dan verwacht ik daar geen grote problemen van", werpt Taminiau tegen.
"Goed, dan heb ik volgens mij maar één keus", zeg ik resoluut. "Dan ben ik aan mezelf, aan mijn gezin en aan iedereen verplicht om de bestraling met de MRIdian te doen."
Omdat Taminiau alles zo sec naast elkaar zette, is het voor mij ineens heel duidelijk.

's Avonds bel ik mijn moeder. "Mam, ik heb Taminiau gesproken." Zij kent hem ook goed van de afgelopen jaren.
"Ik ga de bestraling met de MRIdian doen."
Voordat ze kan reageren zeg ik: "Ik hoef niet te horen wat er eventueel allemaal anders zou kunnen en ik hoef niet te horen welke middeltjes er nog meer zijn. Ik heb met Edwin een pad gekozen en dit is wat ik ga doen. Ik hoop dat je mijn keuze respecteert."
"Tuurlijk schat", zegt ze. "Ik sta honderd procent achter jullie beslissing."

De MRIdian

Op 1 juli, de verjaardag van Edwin, gaan we naar de VU voor de eerste bestraling met de MRIdian. De artsen hebben er twee en een half uur voor uitgetrokken. Ze weten niet zeker of het gaat lukken en hoe snel het gaat lukken. Afgelopen week hebben we een gesprek gehad waarin is uitgelegd hoe het apparaat werkt. De MRIdian is een combinatie van een scan- en een bestralingsapparaat. Doordat beide in één apparaat gecombineerd zijn, kunnen er tijdens de bestraling beelden van de tumor worden gemaakt. Daardoor kan heel nauwkeurig bestraald worden. Bij andere bestralingsapparatuur is de tumor niet zichtbaar en wordt er een ruim gebied om de tumor bestraald. Hierdoor wordt het omliggende gezonde weefsel ook bestraald. Om het gezonde weefsel te sparen wordt dan meestal een lagere dosis straling gegeven, waardoor je meer behandelingen nodig hebt om de tumor aan te pakken.

De komende maand word ik twaalf keer bestraald. Door middel van mijn ademhaling bestuur ik de bestraling zelf. Het hangt dus van mijn ademhaling af of het lukt. Ik vind het heel spannend en ik hoop dat ik geen twee en een half uur in het apparaat hoef te liggen. Dat lijkt me erg lang en claustrofobisch.
"We hebben het apparaat heel scherp ingesteld', zegt dokter Haasbeek. "Momenteel staat de straling afgesteld op één millimeter om de tumor heen. Dat doen we omdat de tumor omringd is door aderen en we willen zo min mogelijk risico lopen om de aderen en ander gezond weefsel te beschadigen. Het nadeel is dat je heel stil moet blijven liggen, want bij de kleinste beweging stopt de machine met bestralen. We weten niet of jij je longen lang genoeg kunt stilhouden. Daarom hebben we wat extra tijd uitgetrokken. Mocht het niet lukken, dan zullen we de straling alsnog wat ruimer afstellen."
"Goed, ik snap het. Ik ga mijn best doen", reageer ik.

Ik lig in een soort tunnel, op een - zo voelt het tenminste - harde houten plank. Mijn armen liggen boven mijn hoofd vastgesnoerd. Bieb, let's do it, denk ik.

Op een computerscherm zie ik een vakje om de tumor heen getekend en een vakje waar de bestraling op gericht is. Ik moet even kijken wat het beste werkt. Als ik heel diep inadem, moet ik ook heel diep uitademen en dan zie ik het vakje om de tumor heel erg bewegen. Dat is niet handig. Ik denk dat ik het best heel rustig kan inademen, dan mijn adem vasthouden en dan weer rustig uitademen. Op die manier lig ik het langst stil. Ik adem in en houd mijn adem vast. De vakjes schuiven over elkaar en de bestraling gaat aan. Ik adem uit en de bestraling stopt. Het werkt! Ik adem in. Adem vasthouden. En uit. Het gaat heel goed en na zevenentwintig minuten loop ik de behandelkamer uit.
"Ging het niet?", vraagt Edwin.
"Ik ben al klaar", grijns ik.

Elke maandag, woensdag en vrijdag gaan we naar de VU. Tijdens de zesde behandeling gaat er iets fout met het apparaat. De MRIdian moet helemaal opnieuw opgestart worden. Ik mag in het apparaat blijven liggen, maar het duurt allemaal zo lang. Ik lig niet echt lekker. Ik kan mijn armen niet bewegen en ik krijg kramp. En nu loopt de machine ook nog vast. Ik zucht.
"Gaat het nog?", vraagt de radioloog.
Ik zeg niet snel dat iets niet gaat, dus vraag ik: "Uh, hoelang duurt het nog?"
"Nog een half uurtje", antwoordt hij.
"Dan wil ik er liever uit. Als dat kan", zeg ik.
"Dat is goed", antwoordt hij.
Doordat het apparaat opnieuw moest opstarten, ben ik meer dan anderhalf uur in de behandelkamer. Als ik naar buiten kom, tref ik Ed compleet in de stress aan. Hij dacht dat er iets helemaal fout was gegaan.
"Ze hebben mij niks verteld", gromt hij. Dan: "Ik raakte best wel in paniek dat het zolang duurde. Anders ben je veel sneller klaar."
De schat. Hij doet meestal stoer, maar hij maakt zich vaak zo'n zorgen om mij.

Na vier weken heb ik de reeks van twaalf bestralingen gehad. Ik heb er weinig van gemerkt en ik heb gedaan wat ik anders ook doe. Afspreken met vriendinnen, wakeboarden met Juul, naar de sauna met mijn moeder en ik geniet volop tijdens een concert van Beyoncé. Ed en ik zijn elke dag na de bestraling meteen doorgereden naar de sportschool om samen te trainen. Ook hebben we vaak in de buitenlucht getraind. Dan gaan we naar ons 'trainingsheuveltje', zoals we dat noemen. Het is een heuveltje op de hei, waar we een klim tussen twee paaltjes doen. Ik moet de afstand tussen die twee paaltjes in één minuut afleggen. Ed fietst voor me en hij draagt mijn sporthorloge, zodat hij mijn hartslag in de gaten kan houden. Als hij vindt dat mijn hartslag nog wat omhoog kan of als ik niet dicht genoeg achter hem rijd, kijkt hij half om en geeft hij een paar tikjes op zijn kont. Ohhhh, hij weet dat ik hem dan wel kan schieten. Maar ik zet toch een tandje bij en even later hang ik weer in zijn wiel. Zo pusht hij me om net even dat beetje meer te geven.

Edwin zegt altijd dat ik een luie sporter ben, omdat ik niet van duursporten houd. Lange tochten fietsen, kilometers hardlopen; dat geeft me echt geen voldoening. Ik kan het alleen opbrengen omdat ik weet dat ik er beter van ga snowboarden. Dat wil ik graag en dus heb ik het er voor over. Ed houdt heel erg van fietsen. Zijn grootste droom is om met mij in zes dagen naar Barcelona te fietsen. Fietstasjes en een tentje mee... Geen haar op mijn hoofd die daaraan denkt! Ik heb gezegd: "Schat, ga jij lekker fietsen. Dan neem ik het vliegtuig en sta ik in Barcelona met een spandoek op jou te wachten."

Je zult mij nooit van mijn leven een marathon zien lopen of de Elfstedentocht zien fietsen. Een paar uurtjes toeren, een beetje rondkijken, genieten van de natuur en frisse lucht inademen vind ik heerlijk, maar om voor de lol een paar uur te gaan wielrennen... Nee! Ik houd meer van sprinten, van snelheid, van een adrenalinerush en van grenzen opzoeken.

Op een mooie zomerdag organiseert mijn moeder een lunch voor de familie van mijn vaders kant. Ik zie mijn tantes niet heel vaak, misschien eens in de vier jaar. Maar als we elkaar zien is het heel gezellig. Dat is ook nu het geval. We genieten van het eten, van elkaar en we praten helemaal bij. Nou ja, helemaal? Ik heb mijn reeks bestralingen net gehad en ik weet dat mijn moeder het - als ik erbij ben - niet altijd over kanker wil hebben. Ze wil de sfeer luchtig houden. Ik heb de indruk dat ze van tevoren tegen mijn tantes heeft gezegd dat ze me niet moeten vragen hoe het

met me gaat, want in de vier uur die ik met hen doorbreng vraagt niemand hoe het met me gaat.
's Avonds bel ik mijn moeder en vraag: "Had je hen geïnstrueerd om me niks te vragen over de bestralingen en het ziekenhuis?" Dat blijkt zo te zijn. Ik moet hard lachen. Het was heel lief bedoeld, maar het kwam enorm gekunsteld over.

Een week na de laatste bestraling sta ik weer op een snowboard. Het is weliswaar indoor, maar ik doe wat ik het liefste doe en dat voelt heerlijk. Alsof het nooit anders is geweest en alsof er helemaal niks gebeurd is, en die hele kanker en de bestralingen alleen maar een nare droom waren. Ik ben fit genoeg om de hele week met Merijn, Matti en Mikko in de hal in Zoetermeer te trainen. Daarna gaan we twee weken met het gezin op vakantie naar Spanje.

Als we aankomen bij het huis dat we gehuurd hebben, blijkt dat Ed een foutje heeft gemaakt. In alle hectiek en met de zorg om mij heeft hij zich een jaar in de datum vergist. Er staat 2017 op de reservering in plaats van 2016. Daar staan we dan met onze drie kinderen en koffers voor de deur van een al verhuurd huis. Gelukkig zijn er nog wel hotelkamers vrij en wordt het toch een heel fijne vakantie.

Drie maanden na de laatste bestraling heb ik een controle. De artsen in het VU medisch centrum zeggen dat mijn longgebied er 'rustig' uitziet, maar ze kunnen nog niet zeggen of de bestralingen daadwerkelijk geholpen hebben. Dat mijn longgebied er 'rustig' uitziet, geeft me een goed gevoel. Ik bel snel mijn moeder om haar de uitslag te vertellen. Voor haar is het ook altijd zwaar om zo lang op een uitslag te moeten wachten. De allereerste keer dat ik kanker had, moesten we tien weken wachten en toen is ze als afleiding haar woonboot gaan opknappen. Ze was hele dagen bezig met verf krabben, schuren en verven. Zo probeerde ze zichzelf lichamelijk uit te putten en haar hoofd leeg te maken, zodat ze 's avonds in slaap viel in plaats van over mij te piekeren. De boot heeft er nog nooit zo mooi uitgezien als toen, grappen we nog weleens. Ze is enorm opgelucht als ik haar de goede uitslag vertel.

Ik hoor dat Edwin een metafoor gebruikt om aan Bella uit te leggen hoe het kan dat de artsen nog niks definitiefs kunnen zeggen. "Als een gebouw implodeert, blijft er een grote stofwolk hangen. Het duurt een tijdje voordat je kunt zien wat er binnen is gebeurd. Dat is in dit geval ook zo. Het duurt even voordat Biebs lichaam alle afvalstoffen kan afvoeren. Daarna kun je pas zien wat er is gebeurd en of de tumor weg is."

Mijn volgende controle is over drie maanden. Met het goede nieuws van vandaag in mijn achterhoofd ga ik er vanuit dat ik dan weer goed nieuws krijg.

Ik ben er nog!

Ik kijk erg uit naar het WK in Canada. Dat is pas over vier maanden, maar ik wil graag weten hoe ik er voor sta. Ed en ik hebben afgelopen zomer, ondanks de bestralingen, gewoon doorgetraind, maar ik ben heel benieuwd waar ik nu sta op de wereldranglijst.

Ed en ik brengen veel tijd samen door. Hij is gestopt met zijn eigen bedrijf en is sinds ruim een jaar fulltime in dienst van de Mentelity Foundation. Hij is directeur van de stichting, hij is mijn manager en coach en regelt alles voor mijn team. Ed ging natuurlijk altijd al mee op reis en hij pakte steeds meer taken op.

Op een gegeven moment zei hij tegen mij: "Wat ik vrijwillig doe voor de stichting vind ik zoveel leuker dan mijn eigen werk. Ik zou willen stoppen met mijn bedrijf en fulltime bij de stichting willen werken." Ik snap als geen ander dat hij veel meer voldoening haalt uit wat we met de stichting doen, dan wanneer hij alleen maar commercieel bezig is. Als je ziet dat een jochie na een uurtje snowboardles de basisbochten van het snowboarden kan draaien, maakt dat gelukkig. Of als een vader die zijn minder valide dochter ziet snowboarden met tranen in zijn ogen zegt: "Na haar geboorte zijn we nooit meer op wintersport gegaan, maar nu gaan we de wintersport in ere herstellen." Het is toch geweldig dat wij dat mogen faciliteren!

De afgelopen jaren werd ik vaak benaderd door sponsoren. Mijn sport in combinatie met mijn levensverhaal maakte het voor bedrijven interessant om mij te sponsoren. Ik werd een product en een merk, maar ik ben helemaal niet commercieel. Nu Ed mijn manager is, laat ik het onderhandelen lekker aan hem over. Daar is hij veel beter in dan ik. Als Ed de zakelijke gesprekken voert, ben ik 'snowboard-Bibian' en kan ik mijn ding doen. Dat is een goede taakverdeling.

Ed zorgt er als mijn manager en coach ook voor dat de randvoorwaarden voor mij goed zijn, zodat ik de best mogelijke sportieve prestaties kan neerzetten. Hij is mijn coach, maar niet mijn technisch trainer. Dat is Mikko. Ed en Mikko kunnen erg goed met elkaar opschieten. Ze vullen elkaar aan, ze waarderen en respecteren elkaar. Dat is mooi om te zien. Ed is dus niet mijn technisch trainer, maar doordat hij altijd met mij meegaat ziet hij ondertussen wel wat ik goed en fout doe. Hij kan het misschien niet altijd voordoen, maar hij kan het heel goed uitleggen. Ik snowboard al bijna vijfentwintig jaar, dus ik weet zelf ook wel hoe het moet, maar soms sluipen er dingetjes in. Dan is het wel fijn dat Ed me op details kan wijzen. Dat ik meer boven mijn board moet zitten of dat ik meer snelheid moet maken als ik *kickers* (kleine schansen) spring. Het moeilijkste van snowboarden is welke lijn je in de course moet volgen. Ed ziet heel goed wat de meest optimale lijn is. Als ik niet de juiste lijn rijd, kom ik te hard of te langzaam een bocht in en daarmee verlies ik veel snelheid. Ed geeft me aanwijzingen en weet me ook tijdens wedstrijden te prikkelen. Als ik een wat al te voorzichtige eerste run neerzet, zegt hij: "Ga je nog racen? Of zijn we op vakantie?"

De eerste wedstrijd van het seizoen is de Worldcup in Landgraaf. Ik win twee gouden medailles en daar ben ik uiteraard heel erg blij mee. Na het zeer slechte nieuws dat ik een half jaar geleden kreeg en de onzekerheid die daarop volgde, is dit een heel fijne overwinning. Ik ben er nog! Landgraaf is wel een indoorbaan en dat is anders dan in de bergen en in de echte sneeuw. De course is ook korter, waardoor een run maar tussen de 35 en 40 seconden duurt. Daardoor is het verschil met de nummer twee, Lisa, klein. Ik ben dan ook benieuwd naar de rest van het seizoen.

Voor het WK hebben we met de Finnen en Merijn nog een trainingskamp in Ruka-Kuusamo in Fins-Lapland. Het is januari. 's Nachts is het 35 graden onder nul en het is het grootste deel van de dag donker. Mikko en Matti zijn eraan gewend, maar ik vind het wel gek dat er zo weinig daglicht is. Om tien of elf uur 's ochtends komt de zon pas op en om een uur of één, twee 's middags gaat hij al weer onder. We trainen 's ochtends in het donker op goed verlichte pistes, nemen dan een lange pauze en gaan 's middags pas weer trainen als het helemaal donker is. Als het schemert is het heel lastig om diepte in te schatten; met kunstverlichting hebben we beter zicht.
Het is heel erg koud. We moeten echt ons best doen om warm

te blijven. Op een gegeven moment is mijn linker grote teen aan het bevriezen en denk ik: wat ben ik aan het doen? Dit is niet leuk meer. Ed staat natuurlijk meer stil dan ik. Die heeft het dubbel zo koud. Niet alleen tijdens trainingen, maar ook bij wedstrijden. Hij grapte vanochtend: "Bieb, kun je niet iets anders gaan doen? Een sport waarbij we van een zonnetje en warm weer zijn verzekerd? Ik heb de afgelopen vijf, zes jaar wel heel veel in naar, koud weer gestaan." Tja, daar heeft hij gelijk in. Maar snowboarden is wat ik het liefste doe.

Begin februari vindt het WK plaats in het Canadese Big White. Ook hier is het heel erg koud en het is nog mistig ook. "Neem nog even een slokje thee", zegt Ed als ik in de start gate sta. Ik veeg de sneeuw van mijn board, klop mijn handschoen schoon, een laatste kus. Ik voel me goed en sterk. Ik wens Lisa succes.

'Attention: five seconds warning.' Concentratie. En: *GO*! Ik trek hard uit de start gate en ben goed weg. Ik duik voor Lisa de eerste bocht in. Shit. De mist bevriest op mijn sneeuwbril. Na een paar bochten zie ik bijna niks meer. Ik doe mijn handschoen uit en houd mijn hand tegen mijn bril om die een beetje te ontdooien zodat ik weer iets zie. Ondertussen moet ik de juiste lijn blijven volgen, blijven staan en zorgen dat Lisa me niet inhaalt. Nog een paar bochten en ik zie de finish. Lisa zit ruim achter me. Yes! Ik heb gewonnen! Mijn zevende wereldtitel als paralympiër. Het is fantastisch dat ik nog steeds de snelste ter wereld ben.

Als ik over de finish ga, staat Edwin nog boven bij de start. Hij vertelt me later dat hij als gevolg van de mist niet zag wie als eerste over de streep ging. Er stonden veel Nederlanders bij de finish, maar omdat ik tegen Lisa streed kon hij uit het gejuich van het publiek niet opmaken wie er gewonnen had. Na een halve minuut hoorde hij via de speaker dat ik gewonnen had en was hij zo blij dat hij voor het eerst in zijn leven een achterwaartse salto de berg af maakte. Hij kwam nog op zijn voeten terecht ook. Hij schrok zelf van deze spontane, acrobatische actie en heeft me beloofd dat hij het niet nog een keer gaat doen.
Chris en ik worden allebei wereldkampioen op de snowboard-cross en op de banked slalom; Lisa wint in beide disciplines het zilver. Een journalist zegt tegen me dat het vandaag Wereld Kan-

ker Dag is. Wauw! Toeval bestaat niet. Nadat ik voor de achtste keer kanker heb gehad en ik ervan uitga dat het weg is, word ik op Wereld Kanker Dag wereldkampioen. Wat wil ik nog meer?
Ik ben supergelukkig dat ik nog steeds alle wedstrijden win. Afgelopen jaar deed Lisa het ook heel goed; we zaten dichtbij elkaar, maar zij viel. Vervolgens zei iedereen tegen mij: "Als ze was blijven staan, had ze gewonnen. Het gaatje wordt nu wel heel klein. Ze komt echt dichterbij." Dat was ten tijde van de breuk met de Nederlandse Ski Vereniging en daardoor voelde het voor mij verkeerd dat andere atleten dat maar bleven herhalen. Omdat de sfeer niet leuk was. Ik vind dat je in de start gate en tijdens de race elkaars grootste vijand mag zijn, maar voor de start en na de finish ben je weer vrienden en kun je lol met elkaar maken.

In het verleden heb ik weleens wedstrijden gehad dat ik aan de start stond en dacht: Als ik voor tachtig procent ga, win ik nog. Maar dat is veranderd. Bij de volgende Spelen zal ik flink gas moeten geven. In Sotsji kon ik tijdens een race nog wel een klein foutje maken en dan won ik alsnog. Maar dat is drie jaar geleden en de concurrentie zit niet stil. Ik natuurlijk ook niet; alleen zit ik al veel meer aan mijn max. Zij maken veel grotere sprongen dan ik nog maak. Ik moet de puntjes op de i zetten en zorgen dat ik sterk en fit ben.

De laatste twee jaar is de sport ontzettend gegroeid en het niveau is gigantisch omhoog gegaan. Uiteraard win ik liever zelf, maar als ik van iemand moet verliezen dan maar van Lisa. Zij is bij de stichting begonnen met wedstrijden snowboarden. Ik ben super trots op haar. Ik houd van haar als een goede vriendin. En ik gun het haar enorm. Lisa werd tweede op het WK en heeft zich daarmee ook geplaatst voor de komende Spelen.

De laatste wedstrijd van het seizoen is een wereldbeker in Pyeongchang. Chris en ik winnen goud op de piste waar volgend jaar de Spelen plaatsvinden. Dat biedt perspectief, ook al is de course volgend jaar iets anders en iets langer. Voor ons, atleten, is deze wereldbeker een wedstrijd; voor de organisatie is het een soort generale repetitie voor de Spelen van 2018. Als ik hier volgend jaar terugkom, herken ik de stad waarschijnlijk niet meer. In Sotsji was dat ook zo. Een boerendorp veranderde in een mondaine stad met nieuwe wegen, nieuwe hotels, een boulevard met veel winkels en uiteraard een McDonald's.

Het seizoen is voorbij! Nu heb ik weer meer tijd voor mijn gezin en voor mijn stichting. Ik ben de vliegende keep, het aanspreekpunt en het gezicht van de Mentelity Foundation. Toen Ed bij de stichting kwam, zei hij dat hij graag wilde dat Jozefien, die al voor hem werkte, bij de stichting in dienst kwam. Ik had een gesprek met haar en ze zei: "Ik vind het heel mooi wat jullie doen, maar daar heb ik niet voor gestudeerd. Het is niet waar mijn kennis ligt, maar ik wil het wel proberen." Binnen een maand was Joos helemaal om. Ze vond het geweldig om bij de stichting te werken. Het is een topmeid en ze is ook heel gezellig. Het leuke is dat ze niet op haar mondje is gevallen. Ze durft ook tegen Ed te zeggen wat ze vindt. Ze zegt niet klakkeloos 'ja en amen' tegen de baas. Hij is een sterke persoonlijkheid en soms dramt hij in zijn enthousiasme een beetje door. Dan durft ze tegen hem te zeggen wat zij vindt. Ze past ook heel goed binnen ons gezin. Ze kan goed met de kinderen opschieten en ik kan heerlijk een middagje shoppen met haar. We noemen haar vaak onze oudste dochter. Omdat de werkzaamheden toenemen hebben we nu ook een stagiaire, Lotte. Als het wederzijds bevalt, nemen we haar ook een aantal dagen per week in dienst.

"Bieb, morgen hebben we een lunch in het Amstel Hotel", zegt Ed.
"Oh ja. Hoezo gingen we daar ook alweer naartoe?"
"We kunnen er sponsoren ontmoeten."
"En waarom moet ik dan mee?"
Ed doet een beetje vaag over de afspraak die we morgen in het Amstel Hotel hebben, maar als hij denkt dat het belangrijk is dat ik meega, dan ga ik mee. Ik kan morgenochtend trainen, douchen en me vervolgens even leuk aankleden voor die lunch.

Als we in de lobby van het Amstel Hotel aankomen, worden we naar de Spiegelzaal gebracht, waar ik allemaal bekende vrouwen zie. Willeke Alberti, Quinty Trustfull, Joke Bruijs, Rita Verdonk en Karin Bloemen. Ik word naar een tafel begeleid waar ik tussen Romy Monteiro en Leontine Borsato plaatsneem. Het valt me op dat ik de enige sporter ben. Als ik Ed nog even snel vraag wat nu precies de aanleiding van deze lunch is, zegt hij dat straks de Strong Women Award aan Isa Hoes wordt uitgereikt. Ik zit gezellig te kletsen en ondertussen worden we enorm verwend met champagne, lekkere hapjes en cadeautjes. Nou ja, cadeautjes? Zeg maar gerust cadeaus. We krijgen onder andere een mooie armband, een shawl en zelfs een paar schoenen in de juiste maat. Op een gegeven zingt Karin Bloemen een lied waarin ze de winnares van de award beschrijft. Ik herken Isa Hoes niet direct in de tekst, maar misschien komt dat nog. Ineens hoor ik Karin Bloemen 'Bibian Mentel Spee' zingen. Hè? Alle foto- en filmcamera's die naar het podium gericht stonden, draaien ineens mijn kant op. Ik ben stomverbaasd. Maar ook ontzettend blij verrast. Ik ben hier omringd door sterke vrouwen en nu word ik zelf ook zo genoemd. Wat leuk! Als ik op het podium sta, dringt het pas tot me door dat niet Isa Hoes, maar ik verkozen ben tot de Strong Woman van 2017. Ik zie Ed lachen. Die rotzak wist het natuurlijk al lang. Leontien zegt later tegen me dat ze nog het meest genoten heeft van mijn enorm verbaasde blik toen ik mijn naam hoorde.

Romy Monteiro feliciteert me en zegt dat zij en haar vriend enorme fans van Ed en mij zijn en dat ik het moet zeggen als ze ooit iets voor me kan doen. Ed hoort dit en vraagt meteen of ze in mei op ons jaarlijkse benefietgala wil komen zingen. Ze zegt dat ze de avond van het gala voor de musical The Bodyguard staat ingepland, maar ze gaat proberen de avond te ruilen.

Ondertussen ben ik aan het trainen voor de Paralympische Spelen die over tien maanden plaatsvinden. Mensen vragen me waarom ik nu wéér aan de Paralympische Spelen wil meedoen. Het antwoord is dat ik nog één keer op het allerhoogste podium wil laten zien dat je altijd je dromen moet blijven nastreven en nooit moet opgeven. Hiermee hoop ik zoveel mogelijk kinderen en jongvolwassenen te inspireren en natuurlijk wil ik ook mijn titel verdedigen.

Vanaf augustus beginnen de trainingskampen in de sneeuw. Nu train ik thuis in mijn sporthonk, fietsen Ed en ik regelmatig en doen we drie keer in de week CrossFit in de sportschool. CrossFit is kracht- en conditietraining die onder andere bestaat uit gewichtheffen, squatten, roeien, hardlopen en pull-ups. Ik was net met CrossFit begonnen, toen Jozefien bij de stichting kwam werken. Ze zei dat ze het lastig vond om tijd te vinden om te sporten. "Als ik dat 's ochtends voor het werk wil doen, moet ik wel heel vroeg op", zei ze. "Na het werk moet ik boodschappen doen, koken en eten. Voordat ik gegeten heb is het al acht uur en als ik dan nog moet sporten, dan komt het er vaak niet van. En als ik direct uit het werk ga, heb ik eigenlijk honger en ga ik oefeningen afrafelen."

Ik zag het probleem en zei: "Als het jou leuk lijkt, kunnen we ook samen gaan sporten. Dat lijkt mij heel gezellig. Ga een keer mee om te kijken of je het wat vindt." Sindsdien sporten Joos, Ed en ik op maandag-, woensdag- en vrijdagochtend en daarna gaan we werken. We zitten met zijn drieën in een groep en volgen het standaardprogramma. Naarmate de winter dichterbij komt, ga ik meer snowboardspecifieke oefeningen doen.

Ik ga ook regelmatig skateboarden, wakeboarden en ik doe aan *stand up paddle*, ook wel suppen genoemd. Suppen vind ik echt heel leuk en het is een heel goede workout. Ik ben zowat opgegroeid op het water en de eerste keer dat ik ging suppen dacht ik: ach, een beetje op een plank staan en peddelen. Dat is appeltje eitje. Ik heb ongeveer anderhalf uur gepeddeld en de volgende ochtend had ik me toch een spierpijn... Toen merkte ik dat ik heel veel kleine spiertjes had gebruikt. Mijn buikspieren, bovenbenen, voet, armen en schouders, alles deed zeer. Echt bizar. Sindsdien weet ik dat dit suppen een goede core- en balanstraining is.

Een journalist vroeg me vandaag hoe ik ervoor sta, met het oog op de Spelen. Ik vind het van mezelf altijd raar om te zeggen, maar ik sta er best goed voor. We hebben nog vier à vijf wedstrijden voor de Spelen en verder is het alleen maar trainen. De wedstrijden zijn eigenlijk een warming-up voor de Spelen. Om te kijken waar ik sta, hoe mijn concurrenten het doen en om wedstrijdritme te krijgen. Ik ben tot nu toe, op één wedstrijd na, waar ik een heel stomme fout maakte, ongeslagen. Ik heb alle Worldcupwedstrijden gewonnen, behalve diegene waaraan ik niet kon deelnemen vanwege een operatie. Dat zijn twee of

drie wedstrijden geweest; de rest heb ik allemaal gewonnen. Ik ben de te verslane vrouw. Daarom is het heel leuk om met Matti te trainen. Omdat hij de te verslane man is. Wij zijn het duo dat men wil verslaan.
Ik zou in Pyeongchang het liefst twee gouden medailles halen en Matti ook. Sinds we hebben besloten om samen te werken, trekken we veel met zijn vijven op. De twee coaches Edwin en Mikko, en de drie atleten Matti, Merijn en ik. Merijn probeert zijn rentree te maken. Hij is na Sotsji twee jaar gestopt en wil nu kijken of hij de sport weer kan oppakken en of hij zich kan plaatsen. Daar hebben we goede hoop op. We willen met zijn vijven naar de Spelen en daar goed presteren. Maar we hebben vooral enorm veel lol. Dat is voor mij het allerbelangrijkste.

Begin mei vieren we het vijfjarig bestaan van de stichting met een benefietgaladiner. Ed en ik hebben samen een speech geschreven die ik voordraag. We hebben er onder andere een uitspraak van Bill Gates in verwerkt, die mij heel erg aanspreekt. En ik verwijs natuurlijk ook naar afgelopen jaar, toen de artsen zeiden dat ze niks meer voor me konden doen en dat ik nu toch maar mooi hier op het podium sta.

Na een hard applaus begin ik aan mijn speech: "Sinds mijn been geamputeerd is, kijk ik elke ochtend in de spiegel en stel ik mezelf de vraag: Als vandaag de laatste dag van mijn leven zou zijn, zou ik dan willen doen wat ik vandaag ga doen? Wanneer het antwoord drie of vier dagen achter elkaar 'nee' is, weet ik dat ik iets moet veranderen (...). Onthouden dat je dood gaat, is volgens mij de beste reden om te beseffen dat er geen enkele reden is om je hart niet te volgen (...). Ik ben niet bang om dood te gaan, maar ik geniet zo ontzettend van het leven. We zijn hier samengekomen omdat er nog steeds kinderen zijn die niet genoeg kunnen genieten van het leven. Met de Mentelity Foundation helpen wij deze kinderen om weer kind te zijn, om te kunnen sporten en spelen. Om te genieten van het leven. Laten we er met zijn allen een mooie avond van maken (...). Ik vind het prachtig dat we hier met zijn allen samen zijn."

Als ik deze laatste woorden uitspreek, klinkt de muziek van het lied 'Samen zijn' van Willeke Alberti en komt de zangeres en, *by the way,* winnares van de Strong Women Award in 2016, het podium op. Stralend als altijd brengt ze haar nummer ten gehore. Schitterend!

Vanavond is een benefietgala en dus wordt er geld opgehaald voor het goede doel. In dit geval gaat de opbrengst natuurlijk naar de Mentelity Foundation. Er is een veiling, geleid door veilinghuis Christie's waarbij genodigden op verschillende kavels kunnen bieden. Ed heeft erg leuke dingen geregeld: een luxe feestavond met barbecue voor honderdachtentwintig man bij Ottenhome in Kortenhoef, VIP-kaarten voor een concert van Anouk, een weekend Red Bull Air race in Budapest, een golftoernooi met diverse BN'ers, onder wie Frank de Boer, en een zeilwedstrijd tegen vijfvoudig wereldkampioen Lobke Berkhout.

Romy Monteiro heeft woord gehouden en ze zingt een aantal nummers van Whitney Houston voor ons. Echt super lief! Het was een heel geslaagde avond: Ed en Joos hadden het goed georganiseerd. Het benefietgala levert 140.000 euro op. Met dit fantastische bedrag kunnen we weer veel doen om sporten voor kinderen en jongvolwassenen met een beperking mogelijk te maken.

Joos, Ed en ik zijn bezig met het jaarboek voor de stichting. We laten een aantal minder valide sporters vertellen wat in hun optiek de voordelen van hun handicap zijn. In mijn geval maken we een opsomming van alle voordelen van het hebben van één been. We bedenken er best veel: vijftig procent minder kans dat mensen op je tenen staan. Dankzij een invalidenparkeerplaats kun je gratis parkeren. Bij elke sport kun je een ander been aantrekken. Vijftig procent korting bij de pedicure en bij een voetmassage. Vijftig procent minder kans dat je bevroren tenen hebt. En: je stapt altijd met je goede been uit bed.
"Ik weet nog een voordeel", zegt Ed. "Als ik jouw been verstop, kun je nergens naartoe."
"Ja leuk, Ed. Zullen we die er maar niet bij zetten?", reageer ik lachend.

Gelukkig kán ik er om lachen. Een beetje zelfspot kan geen kwaad. Natuurlijk had ik liever twee benen gehad en natuurlijk was ik liever niet ziek geworden, maar zoveel dingen die ik nu meemaak, zou ik als valide sporter nooit hebben meegemaakt. Als ik mijn rechteronderbeen nog zou hebben, had ik nooit de stichting opgezet. Dan had ik heel veel lieve mensen die ik nu ken nooit ontmoet. Als ik naar Chris, Lisa en Merijn kijk, dan ben ik zo trots op hen. Daar geniet ik enorm van. Wij zetten ons met alle liefde en energie voor de stichting in, maar als die zou ophouden te bestaan omdat er geen bestaansrecht meer is, als minder valide sporters naar hun mogelijkheden en niet naar hun beperkingen kijken, dan heb ik mijn missie pas echt volbracht.

Adempauze

Ik heb het gevoel dat we eindelijk even rustig kunnen ademhalen en tijd hebben om bij te komen. Sinds 22 december 2014, toen ik een controleafspraak in het ziekenhuis had en de artsen zagen dat ik weer tumorcellen in mijn longen had, is ons leven één grote rollercoaster geweest. Ik ging van de ene longoperatie naar de andere. Daarna weer opkrabbelen, maandenlang revalideren en weer horen dat het slecht was. Ziekenhuis in en ziekenhuis uit. Daarnaast de gespannen relatie met de bond en de breuk die daarop volgde. Daarna kreeg ik te horen dat de kanker terug was en dat de artsen niks meer voor me konden doen. Het was klap op klap. Zowel fysiek als mentaal waren het heel heftige jaren.

Ed en ik zijn allebei doodop. Hij dendert ook maar door. Af en toe denk ik: schat, je mag even bijkomen en uithuilen. Kom even bij me in de tuin zitten. Even genieten van de zon. Als hij rust neemt, komen de emoties er bij hem ook uit. Alle opgekropte tranen van de afgelopen jaren. Er zijn tijden dat ik - wat er ook gebeurt - niet huil, maar de afgelopen weken heb ik heel veel gehuild. Emotioneel gezien lopen we achter de feiten aan. Het is of we nu pas alles aan het verwerken zijn.

Morgen heb ik een controle in de VU in Amsterdam. Dan horen we of de bestraling met de MRIdian daadwerkelijk is aangeslagen. Ik voel me goed. Dat is fijn, maar toch ben ik nerveus. Een controle blijft het moment van de waarheid en ik weet uit ervaring dat ik me goed kan voelen en dat het toch foute boel kan zijn. De controle spookt al dagen op de achtergrond door mijn hoofd. Naarmate de afspraak dichterbij komt, merk ik dat ik een korter lontje krijg en dat mijn tranen dichter aan de oppervlakte zitten. Het is een interne strijd tot hoever ik het laat komen, emotioneel gezien. Overdag gaat het prima. Ik ben aan het trainen voor de Spelen in Zuid-Korea en ik heb afspraken die me afleiden. 's Avonds komen de tranen. Dan wil ik bij Ed en Juul zijn en hen knuffelen. Na een tijdje denk ik: kom op, Bieb. Doorgaan! En dan ga ik over tot de orde van dag. Ik kies er bewust voor om niet in een neerwaartse spiraal te gaan zitten. Als ik er teveel in mee ga, zit ik alleen maar huilend op de bank. Daar kies ik niet voor. Dat doe ik ook om het voor Juul niet te zwaar te maken.

Vanochtend pakte ik een T-shirt, en mijn nagel bleef erin hangen. Ik dacht: oh God, nee hè. Daar gaat mijn nagel weer. Het zal toch wel goed zijn? Tot nu toe kreeg ik bijna elke keer slecht nieuws als mijn nagels gingen splijten. Ik zei het net tegen Ed, maar hij verzekerde me dat iedereen weleens een splijtende nagel heeft. Toch merk ik aan hem dat hij het ook spannend vindt. Hij is een grote beer met een grote mond, maar hij heeft een heel klein hartje. Toen hij gisteren aan de telefoon aan een vriend vertelde dat we een controle hebben, hoorde ik hem slikken en zag ik tranen in zijn ogen.

Eenmaal in de VU blijkt dat we ons voor niks zorgen hebben gemaakt. Er is niets te zien op de scan. Er zit geen plekje meer op de hilus. De bestralingen met de MRIdian hebben effect gehad!!! Ik ben zo blij dat Ed afgelopen jaar op internet is gaan zoeken naar behandelmogelijkheden en dat hij informatie over de MRIdian vond. En wat een geluk dat de behandeling in de VU gegeven kon worden. Dat de artsen het aandurfden en dat een behandeling mogelijk was in mijn geval. Wat hebben we veel geluk gehad! Stel dat Edwin niet op zoek was gegaan? Hoe zouden we er nu voor staan als we depressief op de bank waren gaan zitten en gedacht hadden: wij zijn ervan overtuigd dat we bij de allerbeste specialisten zitten en die zeggen dat het over is. Zij zullen het wel weten. Dat was het dan. Ons leven samen is voorbij. Wij vragen ons echt af of de artsen zelf met de mogelijkheid van bestraling met de MRIdian waren gekomen als wij deze nieuwe methode niet zelf hadden gevonden. Het is een beangstigend idee dat dit misschien niet zo zou zijn geweest. We vinden het onbegrijpelijk dat artsen in een ziekenhuis in Leiden niet weten van een behandeling in een ziekenhuis in Amsterdam. Voor ons is dit het bewijs dat je als patiënt altijd kritisch moet zijn en altijd zelf moet blijven nadenken.

Na het goede nieuws kunnen we met een heel goed gevoel op vakantie gaan. Morgen vliegen Ed en ik samen met Anouk, een van mijn beste vriendinnetjes sinds de middelbare school, naar het Caraïbisch gebied en daar kan ik me nu pas echt op verheugen. Anouk woont in Brussel. Daardoor zien we elkaar weinig en daarom vind ik het des te leuker dat ze meegaat. We reizen met zijn drieën naar Necker Island, het eiland van Richard Branson, waar ik gevraagd ben een lezing te geven.

Uiteraard zijn er geen rechtstreekse vluchten naar dit tropische paradijsje in de Caraïbische Zee. Wij vliegen van Amsterdam naar Sint Maarten, waar we moeten overstappen. Op Sint Maarten hebben we een aantal uren tijd voordat onze volgende vlucht vertrekt. We gaan met de taxi naar Maho Beach, de grootste toeristische attractie van het eiland. Het strand ligt vlakbij de Prinses Juliana luchthaven. Er loopt alleen een smal weggetje tussen het strand en de landingsbaan. Als je op het strand staat, scheren dalende vliegtuigen rakelings over je hoofd voordat ze landen. Er staan altijd toeristen en vliegtuigspotters, die zowat gezandstraald worden door de *jetblast*, de luchtstoom uit de motoren van het vliegtuig. Soms worden toeschouwers zelfs de zee in geblazen door die krachtige wind.
We bestellen een drankje bij een barretje naast het strand en bekijken het tafereel van een afstandje. Het is bloedheet en vooral Ed is veel te warm gekleed. Hij gaat bij het enige winkeltje op het strand kijken of ze misschien luchtiger kleding verkopen. Na tien minuten komt hij terug in een te groot zwemshort, een haltertop met oerlelijke prints en bijpassende slippers. Anouk en ik liggen dubbel van het lachen. Wat vreselijk, hij ziet er niet uit!
"Ik geef toe dat het oerlelijk is, maar het kostte maar een tientje en het is lekker luchtig", grijnst hij. Typisch Ed. Hij heeft maling aan wat anderen van hem vinden.

Onze volgende vlucht brengt ons in veertig minuten naar het eilandje Tortola. We zitten in een vierpersoons vliegtuigje. Anouk heeft vliegangst en ze vindt vliegen in zo'n klein toestelletje echt heel eng. Terwijl Ed en ik genieten van het uitzicht, ligt zij met haar hoofd in mijn schoot om maar niet naar buiten te hoeven kijken. Gelukkig is er weinig turbulentie en komen we veilig aan op Tortula. Vanaf daar pakken we de boot naar Bitter End, een heel idyllisch resort op een eilandje. Als we aankomen is het al donker. De hemel staat vol sterren. We eten aan zee, onze voeten in het zand, er is een live bandje, er branden lampjes en we zijn omringd door palmbomen. Wauw, wat een romantische plek!

Door het tijdverschil worden we de volgende ochtend heel vroeg wakker. Ed en ik kruipen in de hangmat op ons balkon en genieten van het uitzicht op de turquoise zee en het witte zandstrand met palmbomen. Na het ontbijt krijgen we onze eerste kitesurfles. Voordat we het water ingaan, oefenen we op het strand. We ervaren wat de wind met de *kite* doet als we die op een bepaalde manier vasthouden en bewegen. Als we door hebben hoe het werkt, lopen we met de vlieger de zee in. We staan tot onze middel in het water. Als de vlieger wind vangt, word ik op mijn buik door het water vooruit getrokken. Ik let even niet op, mijn vlieger vangt geen wind en ik krijg een golf zeewater binnen. Proestend lig ik in het water. Na een paar pogingen gaat het wel goed. Yes, ik kan al 'buik kiten'!

Dan begint het echte werk. Op het strand trekken we een harnas aan en onze instructeur Jason legt uit hoe we de lijnen moeten vastmaken en hoe we straks kunnen sturen. Als we het goed doen, kost het volgens Jason geen enkele kracht en kunnen we met onze pinken sturen. We lopen het water in en om te voorkomen dat we door de wind veel te hard uit het water worden getrokken en voorover op ons gezicht in het water landen, houdt Jason ons beurtelings vast. Als ik aan de beurt ben, blijkt dat het mij niet helpt als hij me vasthoudt. Hij houdt me meer tegen dan dat hij me helpt. Bij mijn tweede poging zegt hij: "Volgens mij gaat het bij jou beter als ik je niet vasthoudt. Probeer maar."
Ik zorg dat mijn kite wind vangt en word direct uit het water getrokken. Ik voel mijn board door het water snijden en ik kite honderden meters richting open zee. Ik hoor de anderen gillen en klappen van enthousiasme. Wat een heerlijk gevoel. Oeps, de wind valt weg en ik val in het water. Jason is snel in zijn boot gesprongen en me achterna geracet.
"Jij leert snel", zegt hij als hij me uit het water vist.
Ed heeft goede controle over de kite, maar doordat hij een stuk zwaarder is dan Anouk en mij heeft hij een groter zeil nodig om hem uit het water te trekken. Na een aantal pogingen moet hij opgeven.
"Ik moet straks een grotere kite pakken of heel snel twintig kilo afvallen", grapt hij.
De volgende dag hebben we afgesproken met Ruben Lenten, een vriendje van ons, en één van de beste kitesurfers ter wereld.

We gaan met hem lunchen op Saba Rock. Dat is een eilandje dat bestaat uit, zoals de naam al zegt, een enorme rots. Het eiland telt één hotel, een restaurant, een bar, een souvenirwinkel en natuurlijk een jachthaven. Wij gaan er met de ferry naartoe. Ruben komt per helikopter vanaf het eiland Saint Thomas. Als hij is geland, vraagt hij de piloot of die met ons een rondje wil vliegen. Dat wil hij. We vliegen laag over de zee en over eilandjes met palmbomen en witte stranden. Veel eilandjes zijn onbewoond; op sommige zien we bebouwing. Ongelooflijk. Wat mooi.

Tijdens de lunch maak ik een selfie met Ruben. Een vriendje van Juul zei laatst dat hij een groot fan van Ruben is. Toen zei Juul: "Ruben? Die heeft laatst nog bij ons thuis koffie gedronken." Dat vriendje was diep onder de indruk. Ik app de foto straks naar Juul. Vindt dat vriendje vast leuk.

Na de lunch gaan we terug naar Bitter End, pakken onze koffers en gaan met de boot naar Necker Island. We worden verwelkomd door Susi. Ze brengt ons in een golfkarretje naar het *mainhouse*. Daar worden we met champagne ontvangen. Al 'moeten' we er wel iets voor doen. De champagne staat namelijk in een zwembad. Ik ren naar een waterglijbaan en neem een duik. Vervolgens glijd ik op mijn buik en kom twintig meter verderop in het zwembad terecht. In het midden staat op een plateautje een glas koele champagne te wachten. Haha, geweldig. Het is *over the top*, maar wel erg leuk.

Het mainhouse is heel stijlvol, maar ook huiselijk ingericht. De grote woonkamer heeft geen ramen en deuren, zodat de wind heerlijk door de grote open ruimte blaast. Wat loopt daar? Een schildpad! Het is weer eens wat anders dan een hond of kat als huisdier. Vanaf de bovenverdieping hebben we een geweldig uitzicht over het eiland en de heldere, blauwgroene Caraïbische Zee. Necker is niet alleen een paradijs voor mensen, maar Richard vindt dat dit ook een paradijs voor dieren moet zijn. Toen hij hier voor de eerste keer kwam, waren er alleen vogels en een paar geiten. Nu verzorgt en fokt hij met uitsterven bedreigde dieren. Er leven bijvoorbeeld verschillende soorten lemuren (een soort apen) op het eiland, vertelt Susi. Afgelopen half jaar zijn er drie baby lemuren geboren. Verder heeft Richard onder andere reuzenschildpadden, papagaaien en flamingo's naar het eiland gehaald. Toen hij het eiland in 1978 kocht, was er niks. Hij vond de plek erg mooi en heeft van dit stukje land zijn thuis gemaakt. Als hij niet op reis is, woont hij hier. Zijn kinderen zijn hier opgegroeid. Gasten worden in bungalows ondergebracht, er is een tennisbaan, er zijn meerdere zwembaden en een watersportcentrum waar je kunt kitesurfen, zeilen, kajakken, waterskiën en suppen.

We rijden met een golfkarretje naar onze luxe bungalow. Die ziet er ontzettend sfeervol uit en er is werkelijk aan alles gedacht. In de badkamer zie ik shampoo, conditioner, bodylotion, anti-muggenspray, zonnebrandcrème, aftersun, lekkere geurtjes, haargel en nog veel meer. Je zet je tas neer en je hoeft niks meer te doen en nergens meer aan te denken, is het idee. Om een perfecte service te bieden zijn voor iedere gast maar liefst drie personeelsleden aanwezig.

Onze kitesurfleraar Barnaby is een Engelse jongen van negentien. Hij is opgegroeid in een expatgezin in Singapore. Na zijn eindexamen ging hij reizen en kwam hij op Necker terecht. "Het is hier ontzettend relaxt en niet pretentieus", zegt hij. "Alle gasten dragen shorts en lopen op slippers. Wat je ook doet in het dagelijks leven, iedereen gaat vriendschappelijk met elkaar om. We hebben al veel bekende gasten gehad. Nelson Mandela, Mel Gibson, Harrison Ford en Mick Jagger. Dat was voordat ik hier werkte, maar ik heb een paar weken geleden Obama leren kiten. Dat was natuurlijk wel kicken. Ik denk dat ik hier twee jaar blijf en daarna ga studeren."
Wauw, dat klinkt heerlijk. Als ik zijn leeftijd had, zou ik hier ook wel willen blijven.

Als ik naar het strand loop, kom ik onze gastheer tegen. Hij wil net gaan kiten. Als ik me aan Richard voorstel, vraagt hij: "Heb je Eythor al ontmoet? Hij gaat jou een perfect been aanmeten. Herinner me eraan dat ik jullie introduceer." En weg is hij. Met zijn kite en board loopt hij richting zee. Even later zie ik een man door de golven lopen. Hij heeft net kiteles gehad. Het blijkt Eythor te zijn. Hij vertelt dat hij in de Verenigde Staten woont en dat zijn bedrijf covers maakt. Ik vertel hem dat ik heel veel

Samen met Merijn op trainingskamp in Finland.

Training tijdens de test games in Korea. (Foto: Mathilde Dusol.)

Mijn drie heerlijke kinderen.

Suppen op de Loosdrechtse Plassen.

Benefiet Galadiner van de Mentelity Foundation 2017.

W8 VROUW

Snowboardster ondanks nieuwe tumor nog steeds positief

Bibian Mentel stoerste van Nederland

PARALYMPISCH SNOWBOARDKAMPIOEN BIBIAN MENTEL (43) is door de VROUW-lezeressen uitgeroepen tot stoerste vrouw van het jaar. Tijdens de uitreiking van de VROUW awards gisteren in het College Hotel nam ze haar prijs in ontvangst. De steun van het publiek kan ze op dit moment goed gebruiken, want onlangs werd wederom een nieuw plekje op haar longen gevonden. Dit keer op een moeilijk behandelbare plaats.

'Sporten is mijn manier van overleven'

SCREAM FOR BIBIAN

Ons verblijf op Necker Island.

Samen met Richard Branson op Necker Island.

10 juli 2017, op de spoedeisende hulp in de VU.

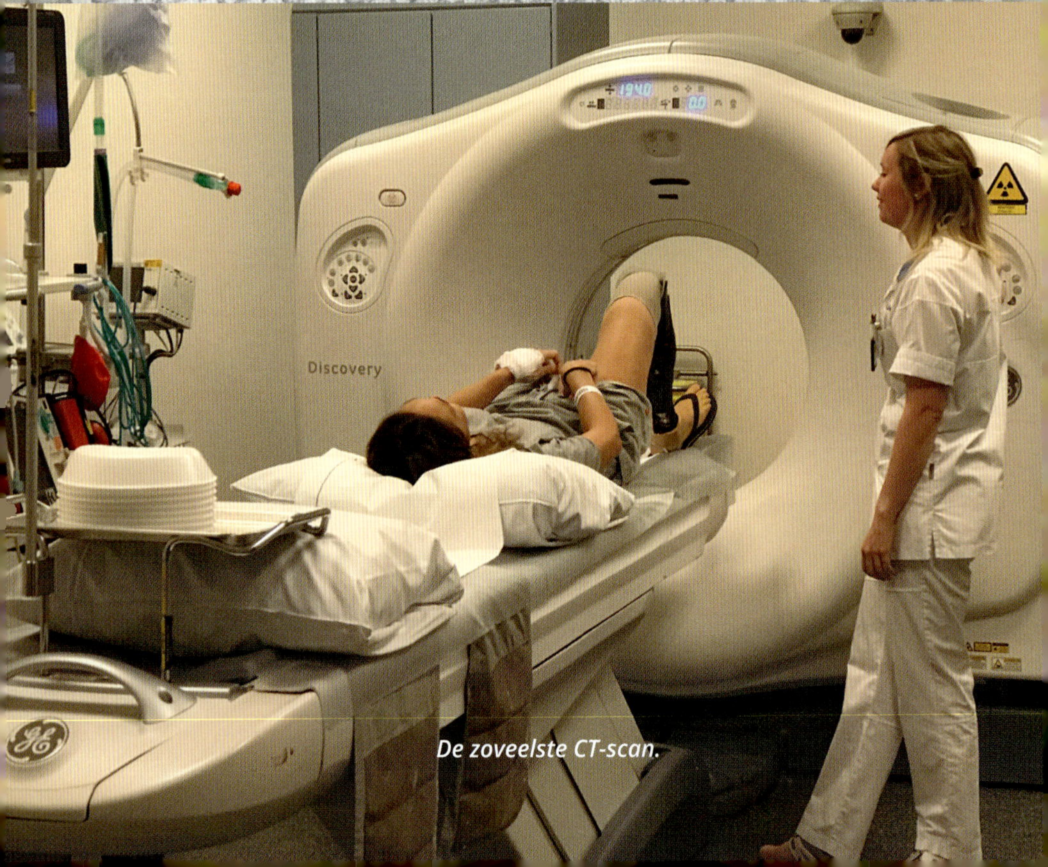

De zoveelste CT-scan.

Mijn 'apothekerskast' voor de komende periode.

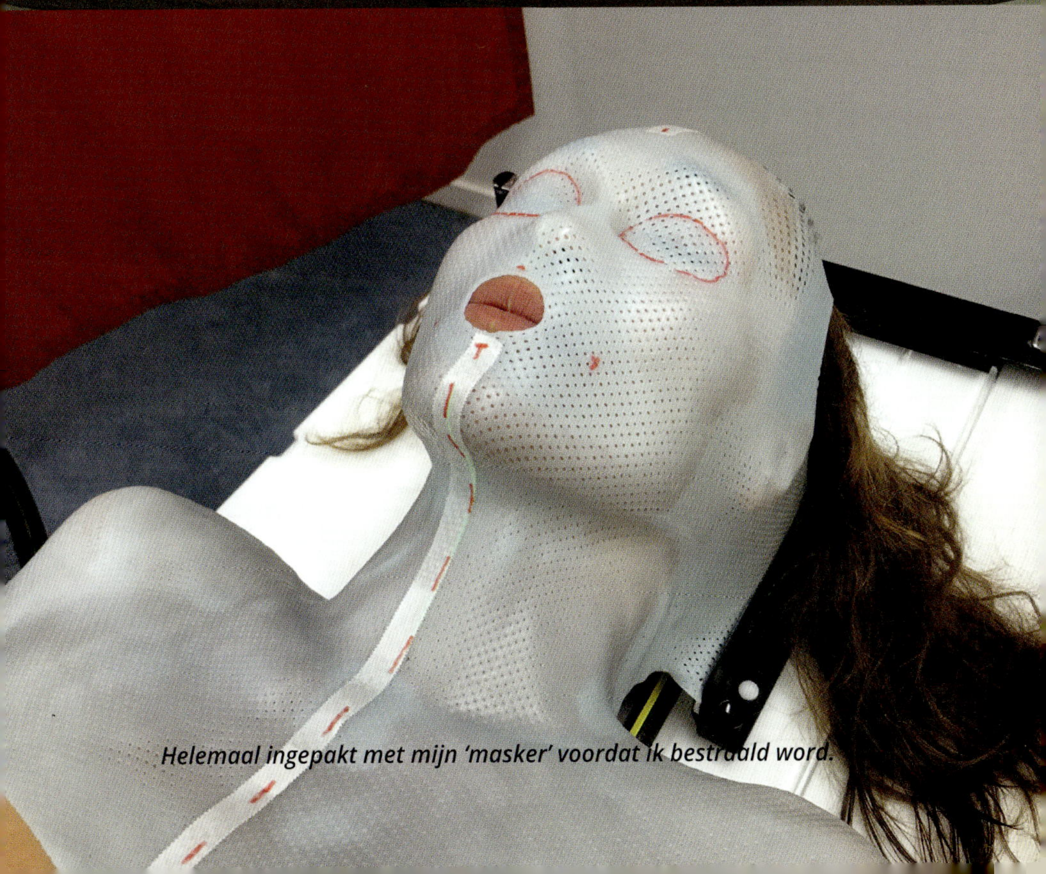

Helemaal ingepakt met mijn 'masker' voordat ik bestraald word.

Ed is weer eens 'vervelend', en zet mij bovenaan de trap...

positieve reactie krijg op mijn cover. Ik heb de mijne uit Canada, maar ik wil er nog wel eentje. Het zijn net schoenen; leuk om bij iedere outfit een andere cover te dragen. Via de stichting heb ik natuurlijk contact met potentiële afnemers. Wie weet kunnen we iets voor elkaar betekenen? We staan een hele tijd op het strand te kletsen. Wat een leuke man.

Er zijn deze week achtendertig gasten op het eiland. Susi, de dame die alles organiseert, zorgt er altijd voor dat er gelijkgestemde gasten zijn. Zij kent Ruben goed en Ruben kent Ed en mij. Zo is Susi bij ons terechtgekomen. Behalve een aantal professionele kitesurfers, zoals Ruben, zijn er nu vooral jonge ondernemers die al heel veel hebben bereikt, uitgenodigd. Ik spreek een vrouw van begin dertig die een IT-bedrijf in hardware had en dat voor ettelijke miljoenen verkocht heeft. Zoals ik topsport bedrijf, zo houden ondernemers zich met hun bedrijf bezig. Ze doen er alles voor. Verder zijn het allemaal mensen die van kitesurfen houden of het graag willen leren en daardoor dezelfde *state of mind* hebben. Richard is zelf gek op kitesurfen en hij houdt ook van netwerken. Nog niet eens per se voor zichzelf, maar hij vindt het leuk om mensen die iets voor elkaar kunnen betekenen aan elkaar te koppelen, zoals hij Eythor aan mij wilde voorstellen.

Omdat we veel gemeen hebben, is het heel leuk en inspirerend om met de andere gasten te praten. Ik noem mensen die snowboarden, kitesurfen, golfsurfen en skateboarden altijd vrije geesten. Het is hetzelfde soort mensen. Een beetje rebels. We willen dingen zelf onderzoeken. We houden ons niet aan gebaande paden, maar willen ons eigen pad uitstippelen. We hebben een passie en daar durven we voor te gaan. Of het nu sport is of een onderneming.

Toen ik rechten studeerde lag het niet voor de hand dat ik na mijn propedeuse een tussenjaar nam om te ontdekken of ik verder kon komen in het snowboarden. Nog onorthodoxer was het om me na dat jaar volledig op de sport te richten. Toen ik begon met snowboarden moest ik elk dubbeltje omkeren, maar ik geloofde ergens in en ik volgde mijn passie. Ik dacht dat iedereen zo was, maar in mijn relatie met Pep bleek dat dit niet zo was. Mijn vriendinnetje Eva had op dat moment een relatie

met Bertrand, een heel goede snowboarder. In het jaar dat hij ging stoppen met snowboarden, waren ze een keer bij ons op bezoek. Ik herinner me nog goed dat Bertrand zei: "Ik weet nog niet wat ik ga doen als ik gestopt ben. Het moet een baan zijn waarbij ik vier of vijf maanden per jaar werk en de rest van het jaar kan surfen en snowboarden."
Toen ze weg waren, zei Pep: "Wat een dromer. Denkt hij nou echt dat zoiets kan?"

Ik kan me best voorstellen dat je als nuchtere Hollander denkt: wat is dat voor gast? Dat is onmogelijk. Maar ik begreep heel goed wat Bertrand bedoelde. Ik denk dat mensen met een vrije geest het vertrouwen hebben dat het goed komt. Bertrand heeft nu een huis op Bali en een groot deel van het jaar is hij lekker aan het surfen. De rest van het jaar werkt hij voor de World Cup Free Ride Tour. Met het organiseren van evenementen in de sneeuw verdient hij voldoende geld voor zijn huis en zijn leven op Bali. Hij durfde zijn passie te volgen en liet zich daarin niet belemmeren. En nu heeft hij precies wat hij wilde. Dat is toch fantastisch!

Vandaag bezoeken we het eilandje Ammageddah. We kunnen er naartoe kiten of er in een hobie cat, een kleine catamaran, naartoe varen. Wij gaan met zijn tweeën met een hobie cat, want het waait heel hard, de golfen zijn heel hoog en de wind komt uit de verkeerde hoek. Daardoor zal de oversteek zelfs voor gevorderde kiters zwaar worden. Na een tocht van twee uur en ongeveer honderd happen zout water, komen we als verzopen katjes op het eiland aan. Snacks en champagne staan klaar. Edwin pakt een glas van een dienblad en zegt: "Bieb, wil je een milkshake?"
"Oh, dat lijkt me lekker en verfrissend." Ik kan de smaak niet helemaal thuisbrengen, maar de milkshake is heerlijk. Na een half glas voel ik me wel een beetje licht in mijn hoofd worden. Ik proef het niet, maar het lijkt of er alcohol in zit.
"Zit er misschien alcohol in?", vraag ik Ed. Aan zijn gezicht zie ik al dat dit het geval is.
Hij vraagt aan een ober: "Wat zit er in een Bushwacker?"
"Een shot kokosrum, een shot wodka, een shot Baileys, een shot Kahlua, een shot Amaretto, een shot kokoscrème en ijsklontjes", somt hij op.

Oh, my God. Wat een rat, die Edwin. Ik geef hem een duw en zeg: "Ik pak je nog weleens terug."

Even later maak ik een praatje met Kevin, een jongen van nog geen dertig jaar. Hij is al voor de tiende keer op Necker. Tijdens een eerder verblijf heeft hij een date gehad met een meisje dat op het eiland werkt. Ze wist niet wat ze zag toen Kevin deze keer op Necker aankwam. Hij is hier met zijn nieuwe geliefde, zijn vriend Jared.

Richard komt als één van de eerste kitesurfers aan wal. Als hij een beetje is opgedroogd, loopt hij naar me toe en zegt: "Bibian, vertel eens hoe komt het dat je onderbeen er af is." Ik vertel hem in het kort mijn levensverhaal. Ondertussen komt de ene na de andere kitesurfer aan wal. Drie Finnen die niet kunnen kiten en die geen zin hadden om te zeilen, hebben een helikopter gehuurd en landen even verderop. Als Richard de helikopter ziet, zegt hij: "Bibian, er moet een voordeel zijn aan het feit dat je maar één been hebt. Ga je straks met de heli mee terug naar Necker?"
"Moet je doen, Bieb", reageert Edwin voordat ik iets kan zeggen. "Ik vaar de hobie cat straks wel terug."

Als we in de lucht hangen, vraagt Richard de piloot een omweg te maken en ik geniet van het prachtige uitzicht op de zee en de eilandjes die als kruimels over het water verspreid liggen. Richard wijst naar Moskito Island en vertelt dat hij dit eiland tien jaar geleden heeft gekocht. Hij verkoopt er grond aan mensen die een huis willen bouwen. Zelf heeft hij er ook een huis met zwembad en een golfbaan.

We verblijven vier nachten op Necker en van tevoren hebben we gehoord dat er elke avond een thema is waarnaar we ons moeten kleden. De eerste avond was het *Naughty Nautical*. Toen droeg ik een kort wit rokje, een gestreept matrozenshirt, lange kniekousen met een anker en een pet met een anker erop. *Very nautical*, zou ik zeggen. De tweede avond was het thema *Jungle*. Hiervoor had ik een jurkje van panterstof, een panterstaart, een diadeem met panteroortjes en glimmende gympen met een pantermotiefje meegenomen. Geloof het of niet, maar de enige foto waar ik met Richard op sta, draag ik deze outfit. *Very charming*. Edwin ziet er ook gruwelijk uit in zijn korte broekpak met tijgerprints. Op zijn gezicht heeft hij een grote neptatoeage, die lijkt op die van bokser Mike Tyson. Gelukkig hoeven we niet in chique kleding aan het diner te verschijnen. De thema's maken de sfeer relaxt. We bewonderen elkaars outfits en kunnen erom lachen. Richard doet trouwens niet mee aan de verkleedpartij. Hij draagt elke avond een witte broek en een wit shirt. "*I didn't know about themes*", zegt hij als ik hem vraag waarom hij niet in een verkleedoutfit opdraaft. Haha, vier avonden achtereen wist hij het niet...

De derde avond is het thema *White Night*. Ik draag een lange witte blouse met slippertjes eronder. Vanavond geef ik mijn lezing over hoe ik met tegenslagen omga, en ik ben blij dat ik niet in mijn jungle-outfit voor mijn toehoorders sta. Tijdens mijn presentatie valt het geluid een paar keer uit en op een gegeven moment houdt de beamer er ook mee op. Vanwege de technische problemen stelt Susi voor dat ik mijn lezing na het diner geef. Tijdens het eten schuift Richard aan. We genieten van de maaltijd en de drank vloeit rijkelijk.

Het dessert wordt geserveerd in een ruimte waar ik ook mijn lezing geef. Er staan allemaal loungebanken en Richard ploft met een aantal andere gasten op de voorste loungebank neer en ligt op twee meter afstand naar me te kijken. Shit, als ik nog niet nerveus was dan word ik het nu wel. Gelukkig gaat het goed. De apparatuur werkt en mijn verhaal komt er vlot uit. Na afloop komt Richard naar me toe en zegt: "*What an amazing and incredible story*".

De volgende ochtend zien we hem voor het ontbijt in tenniskleding buiten lopen. Hij heeft er al een potje tennis op zitten. We stappen met zijn drieën in een golfkarretje en rijden naar het mainhouse, waar het ontbijt klaar staat.
"Ik hoorde dat je een boek aan het schrijven bent", zegt hij.
"Ja", antwoord ik.
"Ga je het in het Engels vertalen?", vraagt hij.
"Dat is wel de bedoeling", antwoord ik.
"Laat je het me weten als het vertaald is?", vraagt hij. "Dan ga ik het promoten."

Wauw! Ik voel me enorm vereerd. Als hij mijn boek promoot, zou dat geweldig zijn.
Ons verblijf op Necker zit er alweer op. Wat een paradijsje en wat een eer dat we hier mochten verblijven. Voordat we teruggaan naar de Nederlandse zomer, brengen Ed en ik samen nog een dag op Sint Maarten door. We verblijven in een hotelletje aan zee. Het is allesbehalve luxe, maar het is heerlijk om hier samen te zijn. Het is 1 juli. Ed is jarig. Wat een verschil met zijn verjaardag vorig jaar. Toen kreeg ik op 1 juli mijn eerste bestraling met de MRIdian. Nu genieten we op een tropisch strand van een prachtige zonsondergang. Het leven zit vol verrassingen. Proost!

Slecht nieuws

3 juli 2017 - We komen thuis na een heerlijke vakantie.
's Middags word ik gebeld door het ziekenhuis. Bij nadere bestudering van de scan is toch een verdacht plekje op mijn slokdarm gevonden. Néé, niet weer! We waren zo blij toen we voor de vakantie hoorden dat er niks te zien was op de scan. Wat een domper!

Om te onderzoeken of het inderdaad om kanker gaat, willen de artsen een punctie doen. Ze willen een stukje weefsel van mijn slokdarm weghalen en onderzoeken. Ik zie heel erg op tegen die punctie. Vorig jaar heb ik in Leiden ook zo'n onderzoek gehad en dat was echt afschuwelijk. Ze gingen met een slangetje via mijn luchtwegen naar binnen. Ik moest ongelooflijk kokhalzen en toen duwden ze de slang nog iets verder naar binnen. Het was vreselijk. Deze keer vraag ik een roesje, neem ik me voor.
Twee dagen na onze vakantie zitten we weer in het VU medisch centrum in Amsterdam. Voordat ze de punctie doen, vraagt de arts: "Weet je zeker dat je dit wilt?"
"Is er een andere optie?", vraag ik.
"Nee, eigenlijk niet. Tenzij we niks doen, afwachten tot de volgende controle en dan kijken of er iets gegroeid is of niet."
"Dus eigenlijk moet ik dit onderzoek doen?"
"Ja, eigenlijk wel."

Goed, het is niet anders. Het moet gebeuren. Ik vraag om een roesje. De anesthesist pakt mijn tong en spuit achter in mijn keel een verdovingsmiddel. Het smaakt heel erg bitter. Ik kokhals. Het voelt een beetje hetzelfde als een verdoving bij de tandarts. Alsof mijn tong enorm dik is en alsof ik ga stikken. Daarna werkt de verdoving en voel ik niks meer. Ik slaap gedurende het hele onderzoek. Het weefsel wordt naar het lab gestuurd en we moeten vijf dagen wachten op de uitslag.

Op vrijdagochtend laat ik een MRI maken bij de Bergman kliniek. Ik heb al een tijd last van een nekblessure. Twee keer per week laat ik mijn nek los masseren, maar dat is niet afdoende. Ik slik

inmiddels zes tot acht paracetamol per dag tegen de pijn. Nu ik erover nadenk is het al een tijdje heel pijnlijk. Want toen ik in april ging *heli boarden* met mijn vriendinnetje Eva had ik halverwege de week zo'n last van mijn nek, schouder en rechterarm dat ik echt niet meer kon. En voor het benefietgala van de Mentelity Foundation in mei had ik zoveel pijn dat ik 's middags mijn nek nog heb laten masseren. Ik moest ibuprofen en paracetamol slikken om bij het benefiet aanwezig te kunnen zijn. Met slapen heb ik er ook last van. Ik lig niet lekker, omdat het vaak te pijnlijk is om op mijn rechterschouder te liggen. Met mijn fysio, Jorik van Toorenburg, heb ik er natuurlijk over gesproken en we gingen er steeds vanuit dat het een sportblessure is. Maar Jorik is enorm bij me betrokken en hij maakt zich zorgen zei hij deze week. Voor een sportblessure duurt het wel heel erg lang, vond hij. Hij heeft erop aangedrongen dat ik een foto laat maken. Ik vind het een goed idee, want ik heb zoveel pijn. Als ze iets zien op de foto weten we tenminste wat er aan de hand is en kunnen we er iets aan doen. Een paar uur nadat de foto is gemaakt word ik door Maarten Moen, mijn paralympisch arts, gebeld. Hij heeft de MRI bekeken en hij ziet dat er iets niet goed is met mijn C6, de zesde wervel van boven.
"Kan het een nekhernia zijn?", vraag ik.
"Bieb", zegt hij. "Het is mijn expertise niet, maar ik denk niet dat het een nekhernia is. Hij heeft dokter Haasbeek in de VU gebeld en toen die over de MRI hoorde, zei hij dat ik meteen naar het ziekenhuis moest komen. Nadat ik het telefoongesprek met Maarten Moen heb beëindigd, stromen de tranen over mijn wangen. Het zal toch niet... Shit! Shit! Shit!

Ik bel Ed. Hij is in Zoetermeer bezig met de voorbereiding van een event van de Mentelity Foundation. Hij rijdt direct van Zoetermeer naar het ziekenhuis. Juul is thuis en wordt zo door Pep opgehaald. Dat was al afgesproken. Ik zeg nog even niks tegen hem. En mijn moeder? Moet ik haar bellen? Dan schrikt ze zich helemaal rot. Ik ga vanavond wel naar haar toe. Hopelijk hoef ik niet in het ziekenhuis te blijven. Ik pak snel een paar spullen, voor het geval ik toch moet blijven. Van drie uur 's middags tot half negen 's avonds zitten Ed en ik op de Eerste Hulp. Het kost blijkbaar veel tijd om de foto's goed te bestuderen. Als we eindelijk de uitslag krijgen, blijkt dat op de MRI te zien is dat mijn

nekwervel C6 vol tumorcellen zit. De tumor heeft mijn nekwervel voor veertig procent opgevreten. We zijn enorm geschokt en ook stomverbaasd. Vanwege mijn ziektegeschiedenis word ik regelmatig gecontroleerd. Het is ongelooflijk dat er toch iets tussendoor kan slippen. Ik heb twee en een halve maand geleden nog een PET-scan gehad. Bij een PET-scan wordt een kleine hoeveelheid radioactief suiker in het bloed gespoten. Die suiker concentreert zich op plekken waar kankercellen zitten, maar bij mij was niets te zien. Ik heb toen gezegd dat ik last van mijn schouder had.
"Kan het iets anders zijn dan een sportblessure?", vroeg ik.
"Nee, dat kan niet. Er is niks te zien", was de reactie.
Nu blijkt dat een PET-scan niet de meest ideale vorm is om deze tumor te detecteren. En dat de C6 net buiten de foto's viel die van mijn bovenlijf zijn gemaakt.

Volgende week krijg ik de uitslag van het onderzoek naar mijn slokdarm. Het zou zo maar kunnen dat er op twee plekken tumorcellen zitten. Het enige goede nieuws van vandaag is dat ik niet in het ziekenhuis hoef te blijven. Mijn wervel is stabiel genoeg om naar huis te gaan. Ik krijg pijnstillers tegen de pijn in mijn nek en mijn arm.

Vanuit de auto bel ik Jorik om te vertellen wat we hebben gehoord en om hem te bedanken voor zijn bezorgdheid. Dat hij heeft aangedrongen om een MRI te laten maken. Dan blijkt dat hij zich heel schuldig voelt dat hij niet eerder aan de bel heeft getrokken.
"Je hoeft je echt niet schuldig te voelen", benadruk ik. "Je weet dat mijn rug en nek wel vaker vastzitten en dat ik regelmatig last heb van spierpijn. Dat is niet heel gek met de sport die ik beoefen. Omdat jij me hebt doorverwezen zijn we er in een vroeg stadium bij. Anders had ik nu geen MRI laten maken."

Voordat ik naar huis ga, rijd ik naar mijn moeder en Rolf. Ze weet niet dat ik woensdag een punctie heb gehad, maar ze weet wel dat ik vanochtend een MRI heb laten maken.
"Wat leuk dat je er bent", zegt ze als ik binnenloop.
"Ik moet je wat vertellen", zeg ik.
"Oh", reageert ze. Aan haar gezicht te zien, hoef ik niks meer te zeggen. Ze heeft het al door.

"Ik had al een vermoeden", zegt ze later. "Toen je gister belde hield je het gesprek vrij kort en ik merkte dat je echt veel pijn aan je arm had."
"Het komt allemaal wel goed", zeg ik voordat ik haar een knuffel geef. Als ik wegrijd, ben ik blij dat Rolf er voor haar is. Dat is zo'n schat. Hij is echt een steun voor mama.

De volgende dag is de eerste editie van de Snow Obstacle Run, een event van de Mentelity Foundation bij Snow World in Zoetermeer. De omgeving van Snow World is bedekt met 900.000 m^3 sneeuw. Honderdvijftig valide en mindervalide deelnemers hebben zich aangemeld om een parcours van vijf of tien kilometer met twintig obstakels af te leggen. Het was natuurlijk de bedoeling dat ik mee ging doen, maar de artsen hebben benadrukt dat ik rustig aan moet doen. Mijn nekwervel is door de tumor aangetast en ze vroegen zich af of ik ter ondersteuning een nekbrace nodig heb. Dat hoefde niet, maar dan is het wel heel duidelijk dat ik geen gekke dingen moet doen. En dat ik zeker geen vijf kilometer door de sneeuw over allerlei hindernissen ga afleggen. Ik moet er niet aan denken wat er tijdens onze vakantie op Necker had kunnen gebeuren. Een week geleden was ik nog aan het kitesurfen!

Het voelt gek om niet zelf mee te doen, maar ik sta bij de start en ik moedig iedereen aan. Jozefien doet in mijn plaats mee en ook Juul en Jibbe nemen deel. Na afloop spreek ik onder anderen met Joselien. Ze heeft een bovenbeenamputatie en ze kwam dit voorjaar naar een snowboard clinic van de stichting. Ik moest haar ondersteunen omdat ze niet zelfstandig door de sneeuw kon lopen, hoewel ze al een jaar een prothese had.
"Doe maar rustig aan", zei ik terwijl ik haar ondersteunde. Ze was zo enthousiast over de clinic dat ze vanaf toen elke zondag naar de snowboardles kwam. Ze zag me net lopen en keek vol verbazing naar mijn korte broek.
"Draag jij een korte broek?", vroeg ze.
"Uhhh ja. Waarom niet?"
"Dat durf ik echt niet", zei ze.
Waarop haar vriend zei: "Ik heb jou uitgekozen op jouw anderhalve been, Joselien. Je mag het van mij laten zien hoor."
Joselien heeft in de afgelopen maanden al zoveel meer geleerd dan snowboarden. Ze heeft zich ontwikkeld als mens. Dat maakt

het werk dat ik doe voor de stichting zo mooi. Dat ik mensen mag helpen.
Als ik 's middags naar huis rijd, ben ik ongelooflijk moe. Ik kan niet meer. Het is of het middenin de nacht is. Ik kan mijn ogen nauwelijks openhouden. Als ik thuis kom, loop ik meteen naar boven. Ik val in slaap zodra ik in mijn bed lig.

De volgende ochtend word ik wakker met een lichaamstemperatuur van 38,5. Na twee paracetamol en anderhalf uur slapen is de koorts gezakt en geeft de thermometer 37 graden aan. Ik doe het rustig aan. Het is lekker weer en ik lig de hele middag op een bedje in de tuin. Met een dosis dyclofenac tegen de pijn in mijn nek en mijn arm kom ik de dag door. We hoeven niet te koken, want we eten bij de buren. Ze hebben onlangs een baby gekregen, die we gaan bewonderen. Het is heel gezellig, maar om een uur of negen voel ik me erg moe.
"Zullen we gaan?", vraag ik Ed. Hij zit lekker aan een gin tonic en lust er nog wel eentje.
"Ik ben erg moe en moet over twintig minuten mijn medicijnen nemen", sputter ik.
"In die tijd kan ik nog net een gin tonic wegtikken", reageert hij.
Een kwartier later lopen we naar huis. Ik heb buikpijn en voel me echt niet goed.
"Zullen we naar het ziekenhuis gaan?", vraagt Ed bezorgd.
"Daar heb ik geen energie voor", antwoord ik. "Ik wil slapen."

Op maandagochtend word ik weer wakker met koorts. Ik voel me nog steeds niet goed. Gisteren knapte ik op van een douche. Ik ga nu ook douchen, maar ditmaal helpt het niet. Ed neemt mijn temperatuur op. Weer 38,5. Hij belt het ziekenhuis.
"Koorts en pijn bij de slokdarm", hoor ik hem zeggen. En even later: "Oké, we komen er aan." Om tien uur vertrekken we naar de VU. Jozefien is thuis met Julian.
"Tegen lunchtijd zijn we wel terug", zeg ik. Joos heeft aangekondigd een lekkere lunch voor ons klaar te maken, maar vanuit het ziekenhuis moeten we steeds bellen om te zeggen dat we later komen.

Wachten, wachten, wachten. Onderzoeken in een ziekenhuis zijn een oefening in geduld. Ik lig in een bed op de Spoedeisende

Hulp en ik voel me beroerd. Ik wil mijn ogen dichtdoen en slapen. Om een uur of vijf krijgen we te horen dat ik bij de punctie van afgelopen woensdag een bacterie heb opgelopen, met als gevolg daarvan een zware infectie van mijn slokdarm. Nee hè, daar zit ik echt niet op te wachten!
"We zien aan je bloedwaarden dat de infectiewaarden enorm gestegen zijn. Daarom willen we je antibiotica geven. Dat kan oraal of via het infuus. Als je het oraal neemt, kun je naar huis. Als wij via het infuus antibiotica toedienen moet je hier blijven, maar dat werkt wel sneller en beter."

"Wat wil je? Naar huis of hier blijven?"
"Ik wil heel graag naar huis", zeg ik.
Ed zegt: "Ze blijft hier."
Ik slaak een diepe zucht.
"Schat", zegt hij. "We zitten nu in de medische molen. Hier zijn de specialisten die een behandeling kunnen uitstippelen. Om hen bij elkaar te krijgen is best wel lastig. Als je in het ziekenhuis ligt, zit er veel meer druk op. Iedere dag dat je hier bent, kost veel geld. Als je hier bent, ligt je dossier bovenop de stapel. Ik snap dat je liever thuis bent, maar het is echt beter om hier te blijven."
Ik ben bang dat hij gelijk heeft. Ik moet ook toegeven dat ik me echt ziek voel. Ik zou niet eens de energie hebben om naar de auto te lopen en naar huis te gaan. Ik heb overal spierpijn en een grieperig gevoel. Er zit niks anders op, ik moet hier blijven.

Zeventien dagen ziekenhuis

De eerste twee nachten lig ik op zaal. Naast me ligt een man die longkanker heeft. Middenin de nacht moet hij braken. Ik had al gehoord dat hij misselijk is en dat hij heel weinig eet. Nu wil hij overgeven, maar er komt niks uit. Ik weet hoe dat voelt, maar om een ander zo te horen kokhalzen, is wel naar.

Na een tijdje schuift hij het gordijn om zijn bed opzij en zegt: "Sorry voor de herrie. Ik hoorde dat je wakker was. Ik was zo misselijk, ik dacht ik ga toch even proberen over te geven."
"Geeft niet", antwoord ik. "Ik ben ook altijd misselijk na operaties. Het had mij ook kunnen overkomen. Gaat het een beetje met u?"
Hij zucht: "Ik ben al vier jaar bezig met kanker. Het was een zware periode, maar ik ben nu redelijk stabiel. En jij? Wat doet een jonge vrouw als jij hier?"
"Ik ben al zeventien jaar bezig met kanker", antwoord ik. "Dit is de negende keer dat ik het heb."
Hij kijkt me met grote, verbaasde ogen aan en zegt niks meer.

Op dag drie krijg ik een eigen kamer met badkamer en een raam dat open kan. Ik voel me nog steeds belabberd. Ik heb nog koorts, ben misselijk van de medicijnen en daardoor heb ik weinig trek. Als ik iets eet, houd ik het niet binnen. En omdat ik koorts heb en misselijk ben, eet ik bijna niks en heb ik geen energie. Ik wil het liefst slapen. Mijn lijf staat in een soort ziekenhuisstand. Dat had ik de afgelopen jaren ook altijd na een longoperatie. Dan schakel ik een beetje uit. Het enige wat ik wil is slapen en mijn lijf rust geven. Ik heb nu alle energie die ik in me heb, en dat is momenteel niet veel, nodig om de infectie te bestrijden.

De televisie staat zachtjes aan. 'Moeder van meidengroep O'G3NE overleden', zie ik in beeld staan. Ik zucht diep. 'Op achtenveertigjarige leeftijd aan de gevolgen van een zeldzame vorm van botkanker overleden', hoor ik. 'Vorige maand besloot ze haar behandeling te staken, nadat er een nieuwe tumor in haar hals was gevonden.' Het bericht komt keihard binnen. Tranen stromen over mijn wangen.

Een klop op de deur. Een verpleegkundige komt mijn kamer in. Ze ziet dat ik mijn tranen wegveeg.
"Gaat het", vraagt ze.
"Ik vind het een beetje veel", huil ik.

Om me op te vrolijken heeft Ed mijn beste vriendinnetje Eva gevraagd of ze op bezoek wil komen. Ze woont om de hoek en ze komt vanaf nu elke dag even op bezoek, kondigt ze aan. Ed en mijn moeder zijn zowat hele dagen hier en Juul is ook al geweest. Ik vind het fijn dat ze er zijn. Bij hen kan ik mezelf zijn en hoef ik me niet beter voor te doen dan ik me voel. Als mijn moeder aan mijn bed zit, kan ik gewoon in slaap vallen. Ik hoef haar niet te entertainen. Ik vind het ook heel fijn als Juul er is. Van hem krijg ik energie en ik vind het heerlijk om hem vast te houden, lekker lang te knuffelen. Hij heeft deels van zijn vader en deels van mij gehoord wat er aan de hand is. Ik probeer er geen drama van te maken en bagatelliseer het een beetje: "Er zit een plekje en dat moet weg", heb ik gezegd. Bij kinderen is het zoals je het brengt. Ik kan het heel zwaar brengen, waardoor hij heel erg schrikt. Maar niks is zeker in het leven. Je kunt ook gezond zijn en een auto-ongeluk krijgen. Edwin en ik proberen zolang mogelijk optimistisch te blijven. Ik zeg wel dat het ernstig is, maar ik wil geen paniek veroorzaken. We praten niet over de dood. Dat is helemaal niet nodig.

Edwin houdt de rest van het bezoek voorlopig buiten de deur. Als andere mensen zouden komen, zou ik me bezwaard voelen. Ze zijn hier voor mij, dus het minste wat ik kan doen is gezellig met hen kletsen, denk ik dan. Maar daar heb ik de energie niet voor. Ik heb liever dat ze komen als ik thuis ben en me weer wat beter voel. Ik ben even offline. Onbereikbaar.

Dokter Vonk komt naar mijn kamer om de uitslag van de punctie van afgelopen week te vertellen. De uitslag is niet goed. Er zit inderdaad een tumor bij mijn slokdarm. Het goede nieuws is dat die nog relatief klein is en los van de slokdarm ligt. Hierdoor kan de tumor operatief worden verwijderd of door middel van bestraling worden aangepakt. Het idee is om eerst een behandelplan voor mijn wervelkolom te maken en daarna te kijken hoe en wanneer de tumor op mijn slokdarm wordt behandeld. Ook is er een plekje op een rib gevonden. Toen de artsen dat zagen, hebben ze de scan van afgelopen week met eentje van vorig jaar vergeleken. Vorig jaar was daar niks te zien. Oftewel: er is iets aan het groeien. Een tumor.

"Ik vertel je nu best heftige dingen en je ligt me lachend aan te kijken", zegt dokter Vonk.
"Ik heb de afgelopen jaren al zo vaak slechtnieuwsgesprekken gehad", reageer ik. "Het lijkt of ik er een soort van immuun voor ben geworden. Ik pak het stukje bij beetje. Wat ik aankan, laat ik binnenkomen. Dit is een dieptepuntje. Even afzien. Daar gaan we weer uit komen. En binnen no time gaan we weer leuke dingen doen. Het komt wel goed. Het is afwachten en uitzieken. Hoe vervelend ook", zeg ik.

Ik realiseer me dat dit heel rationeel klinkt. Ik moet toegeven dat ik me deze week ook vaak heel anders voel. Ik ben nog steeds misselijk en ik eet heel weinig. De vorige keren in het ziekenhuis was dat na een paar dagen over. Nu voel ik me al een week beroerd. Ik baal ontzettend dat ik hier al zo lang ben. Het liefst ging ik nu naar huis. Het enige voordeel van hier zijn is dat ik in een week heel veel onderzoeken heb gehad. Als ik thuis was geweest, hadden ze daar weken over gedaan; en ondertussen groeien de tumoren.

Dit is voor het eerst in alle keren dat ik ziek ben geweest, dat het allemaal heel erg binnen komt. Ed ziet dat ik het erg zwaar heb en hij vreest een beetje dat ik het erbij laat zitten. Niet omdat ik niet wil, maar omdat ik niet kan. Ik voel me echt beroerd en ik ben zo moe. Hij probeert me te activeren door voor te stellen om in het restaurant beneden een kopje thee te gaan drinken, maar daar zie ik als een berg tegenop. Laat mij alsjeblieft slapen. Gisteren vroeg Ed me om in de spiegel te kijken en aan mezelf te beloven dat ik weer ga knokken. Ik huilde heel hard en ik zei wat hij wilde horen, maar ik voelde het (nog) niet.

Edwin heeft vandaag op Facebook gezet dat ik voor de negende keer kanker heb en dat ik in het ziekenhuis lig. Er zijn natuurlijk mensen die ons hier zien en we willen voorkomen dat er allerlei verhalen ontstaan. Ik heb helemaal geen energie om op social media te kijken, maar Ed vertelt dat binnen vierentwintig uur meer dan tweeduizend mensen een lieve reactie hebben achtergelaten. Dat doet me goed. Het is ook goed om te horen dat de artsen denken dat ik na het weekend naar huis mag. Ik ben het hier helemaal zat.

Ik dacht dat ik vandaag naar huis mocht, maar ik word wakker met koorts. Het virus is weer aan het woekeren. Ik word naar de OK gebracht. Er wordt een drain geplaatst om vocht dat rond mijn longen zit, af te voeren. De drain, nieuwe antibiotica en pijnstillers zouden de infectie voor eens en altijd moeten aanpakken. Nadat de drain gezet is, word ik teruggebracht naar mijn kamer. Ik val in slaap en als ik wakker word, voelt het of er een vrachtwagen over me heen is gereden. Ik ben helemaal kapot. Leeg en moe. Mijn arm doet nog steeds pijn. Ik kan niet meer. Net als ik begin te huilen, komt een verpleegkundige binnen.
"Je hoeft het niet alleen te doen, hè", zegt ze. "Vind je het fijn als je man hier blijft slapen?"
"Ja", antwoord ik, luid snikkend.
Even later wordt er een uitklapbaar bed gebracht. 's Avonds zet Ed het bed tegen mijn bed. Als hij erin gaat liggen, blijkt het te kort te zijn. Het is een raar gezicht. Een te lange man in een te kort bed. We lachen. Even later vallen we hand in hand in slaap.

De artsen hebben een behandelplan gemaakt. Met betrekking tot de tumor op mijn wervelkolom is opereren geen optie, vertelt dokter Vonk. "Als we opereren, moet ik de lichaamsfunctie van jouw rechterarm weghalen, dan raakt je hele rechterarm verlamd. We willen je vier weken lang elke dag bestralen. Niet met de MRIdian, zoals afgelopen jaar, maar door middel van stereotactische bestraling. Deze manier van bestralen werkt beter dan de MRIdian als het om een tumor in een wervel gaat."
Als we bespreken hoe de bestraling in zijn werk gaat, vraagt radiotherapeut Max Dahele of ik bereid ben een risico te nemen. "Wil je de minimale dosis die nodig is om de tumor te doden? Of wil je dat we een grens opzoeken en dat we een hogere dosering geven, waarbij er nog meer zekerheid is dat de tumor doodgaat? Het risico van de hogere dosis is, dat er blijvende schade aan je rechterarm kan ontstaan."
Jemig, wat is dit nu weer voor een keuze? Ik wil overleven. En

natuurlijk wil ik geen blijvende schade aan mijn rechterarm. Ik ben rechtshandig! Al had ik de afgelopen maanden zoveel last van mijn rechterarm dat ik inmiddels met links mijn tanden poets. Verder ben ik niet echt handig met links, heb ik gemerkt. Scrollen met mijn linker wijsvinger is bijvoorbeeld best lastig. Ben ik bereid een extra risico te nemen? Die tumor moet dood, dat is duidelijk. Ed en ik besluiten dat zonder arm leven nog altijd beter is dan niet leven. We 'kiezen' voor de hogere dosering. En ik neem me voor om me nu niet druk te maken om iets wat misschien nooit gaat gebeuren.

Voordat ik in het bestralingsapparaat ga liggen, moet ik mijn bovenkleding uittrekken en mijn sieraden afdoen. Eerder hebben we al een bestralingsmasker gemaakt, dat ik tijdens de behandeling moet dragen. Het masker is van kunststof, dat in warm water werd gelegd waardoor het zacht en elastisch werd. Vervolgens werd het over mijn gezicht en hals gelegd. Ik moest tien minuten stil liggen, waarna het masker de vorm van mijn gezicht en hals had aangenomen. Er zijn uitsparingen bij mijn ogen en mond. Eén van de radiologen zet mij het masker op en schroeft het vast aan de plaat waarop ik lig, zodat ik niet kan bewegen en op mijn plek blijf liggen. Ik lig helemaal vast; ik kan geen kant op. Als ik slik, voel ik het masker tegen mijn adamsappel drukken. Een beetje claustrofobisch is het wel.

Wat moet ik doen als ik nu moet overgeven?, vraag ik me ineens af. Straks stik ik in mijn eigen kots. Ik voel paniek in mijn lijf. Mijn hartslag gaat omhoog. Stop Bieb. *Think positive*. Ik stel me voor dat ik op mijn rug in het water lig. Ik drijf op het water. De zon schijnt op mijn gezicht. Lekker warm. Heel relaxt. Rustig ademhalen. Adem in, adem uit. Ik voel de stress wegzakken.
Er wordt een scan gemaakt om te zien of ik goed lig. De behandeltafel wordt ietsje verschoven en als ik op de juiste plek lig, word ik één minuut bestraald. Vervolgens wordt een controlescan gemaakt om te kijken of ik nog op dezelfde plek lig. Als dat niet zo is, wordt de tafel een stukje verplaatst. Dan wordt een controlescan gemaakt en word ik weer één minuut bestraald. Het is belangrijk dat de tumor zo precies mogelijk bestraald wordt, want de radiologen zijn bang om mijn ruggenmerg te beschadigen. Dat kan leiden tot uitval. De daadwerkelijke

bestraling duurt maar twee keer één minuut, maar ik lig wel twintig minuten met het masker op in het apparaat. Het schijnt dat ik het snel doe. De meeste andere patiënten zijn oude mensen en rokers. Die hoesten vaak en dat is natuurlijk funest als je hier ligt. Dan beweeg je sowieso.

Vandaag voel ik me eindelijk iets beter. Na anderhalve week slapen en vechten tegen de infectie is de koorts eindelijk weg. Ik ben nog wel moe, maar ik ben minder misselijk. Ik heb zelfs een dropje gegeten. Ik hoop dat ik morgen of overmorgen naar huis mag, maar die hoop wordt al snel de grond ingeboord. De artsen zijn nog steeds aan het uitzoeken welke antibiotica het beste helpt tegen de infectie, en zolang ze dat niet weten moet ik hier blijven. De verpleging probeert me uit bed te krijgen. "Het is goed om te bewegen", zeggen ze bijna elke dag wel een keer. Ed, die sinds hij hier slaapt vierentwintig uur per dag bij me is, vroeg vanochtend ook weer of we even naar beneden zullen gaan. Ik snap dat het goed is om te bewegen, maar dat vind ik nog even een te grote opgave.

Aan het einde van de middag zegt Ed: "Bieb, het is heerlijk weer. We gaan even naar buiten."
"Pffff, moet dat?"
"Ja, kom op. Dat is goed voor je. Je moet in beweging komen. Denk aan je eigen woorden. Je zegt altijd dat bewegen goed is. Voor gezonde én voor zieke mensen."
Hij kijkt me heel bijdehand aan en ik kijk met een vernietigende blik terug. Diep van binnen moet ik wel lachen om zijn opmerking. Hij gebruikt mijn eigen woorden tegen me.
"Okééé", zucht ik theatraal. "Haal jij een rolstoel? Ik ga niet lopen. Dat red ik niet."
Even later duwt hij me naar buiten. Lekker. Wind in mijn gezicht en door mijn haar. Voor het ziekenhuis is een trap en een schuin pad voor rolstoelen. Ed, altijd in voor een grap, zet de rolstoel bovenaan de trap en roept: "Doei, schat. Jij redt je wel, hè." Hij loopt lachend weg. Een man die langs loopt, kijkt heel geschokt. Een mevrouw zegt bezorgd: "Gaat het? Is alles oké?"
Ed en ik liggen dubbel van het lachen om de gezichten van de voorbijgangers. "Nou vooruit, ik kom je wel weer halen", roept Ed en loopt de trap weer op.

Ed weet wanneer hij me kan pushen. Hij kan me net een zetje geven op momenten dat het nodig is. Dat geldt tijdens trainingen, maar ook nu. Het is voor hem natuurlijk afschuwelijk om mij zo te zien. Dat ik pijn heb en me zo beroerd voel. Ik weet dat hij zich zorgen maakt. Niet alleen om de kanker, maar ook omdat ik de afgelopen dagen niet uit bed te krijgen was. Dat is hij niet gewend. Hij wil voorkomen dat ik in een neerwaartse spiraal terechtkom. Ik wil hem laten zien dat ik wil knokken. Natuurlijk ga ik knokken, maar ik voelde me de afgelopen dagen echt belabberd. Nu ik me weer iets beter voel, realiseer ik me weer dat ik altijd een keuze heb en dat het heel gemakkelijk is om te blijven liggen. Nu ga ik weer kleine stapjes vooruit maken en genieten van leuke momenten. Ik voel het nu echt: ik ga knokken!

Vandaag komt Juul op bezoek. Morgen gaat hij met Pep, zijn stiefmoeder Margot en Jibbe drie weken op vakantie. We liggen tegen elkaar aan in bed en kijken naar een film op de laptop. Nu Juul ouder wordt beseft hij meer wat er aan de hand is en ik merk dat hij zich zorgen maakt. Hij vindt het moeilijk om op vakantie te gaan nu ik hier ben en het minder goed met mij gaat. Hij huilt als we afscheid nemen.
Als Ed hem naar Pep heeft gebracht en terugkomt in het ziekenhuis, vertelt hij dat hij en Juul, toen ze hier weggingen, allebei heel hard moesten huilen.
"Op een gegeven moment zei ik tegen Juul: nu is het klaar met die tranen", zegt Ed. "Ik ga Bella bellen en vragen of ze een onderkin trekt. Dan moeten we vast en zeker heel hard lachen. Ik ging Bella facetimen en die nam op met een onderkin. Ze wist dat we net bij jou vandaan kwamen en dat Juul morgen op vakantie gaat en ze voelde de vraag al aankomen. Juul en ik lagen allebei in een deuk van het lachen."

Het is allemaal ook wel heftig. Ik probeer het een beetje buiten de deur te houden, maar ik vraag me af hoeveel mijn lijf nog aankan. En of ik in maart volgend jaar mijn titel kan verdedigen in Zuid-Korea. Dat is wat ik het liefst wil, maar als dat een heel groot risico betekent... Dokter Vonk heeft gezegd dat hij bezorgd is over de stabiliteit van mijn wervel C6. Die is aangevreten door de kanker, en als de C6 zou breken kan ik een dwarslaesie krijgen. Dan ben ik vanaf de zesde wervel van boven verlamd. Die zit net boven mijn schouders. Dat zou betekenen dat ik vanaf mijn nek kan bewegen en verder niks. Dat wil ik echt niet; dan word ik gek. Als een wervel instabiel is, dan is het risico dat hij breekt bij een val tijdens het snowboarden natuurlijk veel groter dan wanneer dit in het dagelijks leven zou gebeuren. Hoewel de Spelen in Zuid-Korea zo nu en dan door mijn hoofd flitsen, probeer ik er zo weinig mogelijk aan te denken. Ik wil blijven snowboarden en mijn leven, zoals ik dat ken, blijven leiden. Maar wat ik absoluut niet wil is een kasplantje zijn. Dat kan ik Ed en de kinderen niet aandoen. Dat maakt het allemaal relatief en heel duidelijk. Ik zie wel of ik de Spelen haal. Ik vind het heel vervelend, maar er is niet zoveel meer aan te doen dan dit. Ik kan me alleen maar overgeven en ervan uitgaan dat ik hier in goede handen ben. Ik hoop dat er door de bestraling geen uitval van mijn arm komt, dat ik gewoon kan blijven bewegen en dat de pijn in mijn arm ophoudt. Ik wil niet zeggen dat Zuid-Korea van de baan is, maar we laten het afhangen van hoe het loopt. Ik houd er alleen rekening mee dat... Ik probeer nu nergens rekening mee te houden, er niet aan te denken, ik neem het zoals het komt. Eerst moet ik overleven en me focussen op alle positieve dingen in mijn leven.

Er wordt op de deur geklopt. Een verpleegster komt paracetamol brengen en het infuuszakje met antibiotica vervangen. Ik krijg nu drie verschillende antibioticakuren om te kijken welke werkt en om ervoor te zorgen dat de infectie zo snel mogelijk verdwijnt. Over een aantal dagen weten ze hopelijk welke antibiotica het gewenste effect heeft.

Weer een klop op de deur.
"Roomservice", klinkt het opgewekt. Een verpleegster vraagt wat ik wil eten.
Ik zucht.
"Waar heb je zin in?"
"Heel eerlijk? Ik denk niet dat ik iets wegkrijg nu."
"Een beetje bouillon misschien?"
"Eigenlijk heb ik geen zin. Ik sla heel even over."
Ik weet dat de medicatie beter valt als ik iets eet, dat ik dan minder snel misselijk word, maar ik heb nog steeds heel weinig trek. Ik eet en drink tegen heug en meug. Het eten is hier wel oké, maar ik heb gewoon geen zin in eten. De verpleging heeft gezegd

dat het prima is als we eten van buiten halen. Ed heeft aardbeien en blauwe bessen bij de Appie gehaald en mijn moeder neemt straks zelfgemaakte soep mee. Daar heb ik, denk ik, wel zin in. Dan krijg ik ook nog wat groenten binnen.

Ik lig hier al twee weken. Dat vind ik heel erg lang. Ik heb nog nooit zo lang in het ziekenhuis gelegen. Meestal mag ik na vier of vijf dagen, hooguit een week naar huis. Nu ben ik hier al veertien dagen en niet eens vanwege kanker, maar vanwege een stomme bacterie. Ik ben het helemaal zat. Ik wil naar huis!

Het is weekend en vandaag krijg ik geen bestraling. Het is prachtig weer, en omdat ik me best goed voel, rijden we naar de Bosbaan. We gaan op zo'n dertig meter van het terras van Grand café de Bosbaan in het gras zitten. Ed gooit zijn charmes in de strijd en regelt dat de serveerster ons thee en broodjes brengt. Goede service! Het is heerlijk om even uit het ziekenhuis te zijn en in de buitenlucht te vertoeven. Na een uurtje ben ik wel moe. We rijden terug naar het ziekenhuis. Als we de parkeerplaats van de VU oprijden, word ik misselijk. Ik hoop dat ik de lunch binnenhoud.
"Wil je een anti-misselijkheidspilletje?", vraagt Ed. Te laat. Het broodje en de thee komen er weer uit.

Op zondag rijden we weer naar de Bosbaan. Vandaag geen zon, maar regen. Het regent zelfs heel hard. Ed heeft bij de Hema een picknickkleed en andere picknickspullen gekocht. Wij laten ons door de regen niet kisten en leggen het kleed onder een boom. Het gaat nog harder regenen. Ik lig met mijn hoofd op Eds schoot. Mijn benen gebogen, anders wordt mijn broek nat. Onder een grote paraplu houden we het net droog. Ik geniet van de geur van het natte bos. Een man die zijn hond uitlaat, kijkt naar ons en schudt zijn hoofd. 'Die zijn gek', zie ik hem denken.

Als ik in goede gezondheid was geweest, was ik vanochtend op trainingskamp naar Saas-Fee in Zwitserland gegaan. Merijn en de Finnen vertrekken vandaag. Aan de ene kant ben ik jaloers. Ik zou niets liever willen dan nu naar de bergen vertrekken en lekker gaan snowboarden. Aan de andere kant moet ik realistisch zijn. Zoals ik me nu voel, wil ik daar niet zijn. Het is niet anders.

Vandaag worden er weer scans gemaakt: een PET-scan en een MRI van mijn hoofd, nek en ruggengraat. De artsen willen elke centimeter van mijn lichaam bestuderen en alles in kaart brengen. Ik vind dat ze heel grondig te werk gaan. Dat voelt heel veilig. Er wordt goed op me gelet. Aan het einde van de dag staan dokter Vonk en de zaalarts aan mijn bed. Ze stellen voor om nog vier weken door te gaan met antibiotica. Hiermee willen ze zeker zijn dat de infectie weg is. Daarna gaan ze een plan voor de behandeling van mijn slokdarm maken.
"Als we nu je slokdarm gaan bestralen worden andere cellen ook zwak en daardoor kan de infectie weer opspelen", zegt dokter Vonk. "Dat willen we niet. Op termijn is niks doen geen optie, maar te snel bestralen is dat ook niet. In de afgelopen weken is de tumor niet gegroeid. Daarom willen we wachten met bestralen totdat we zeker weten dat de bacterie weg is." Dat is precies wat Ed en ik ook dachten.

Voordat ze mijn kamer verlaten, zegt dokter Vonk: "Omdat je geen koorts meer hebt, denken we dat je klaar bent om naar huis te gaan. We gaan je morgen ontslaan." Jippie, ik mag naar huis!

Weer thuis

Yes!!! Ik ben weer thuis. Na zeventien dagen in de VU in Amsterdam te hebben doorgebracht, kan ik met recht zeggen: *There is no place like home*. Alles is hier beter. Zelfs het water uit de kraan smaakt zoeter. En het ruikt hier ook lekkerder dan in het ziekenhuis. Ed heeft een matras op de bank in de woonkamer gelegd. Daar zal ik de komende dagen veel tijd doorbrengen, maar ik lig liever hier dan ergens anders.
Terwijl ik op de bank lig, is Ed druk met het huishouden. Hij heeft de afgelopen negen nachten ook in het ziekenhuis geslapen en is bijna niet thuis geweest. Hij is aan het wassen, opruimen en heeft inkopen gedaan. Zo te zien heeft hij de hele groenten- en fruitafdeling van Albert Heijn leeggekocht. Ik ben de afgelopen twee en een halve week maar liefst negen kilo afgevallen. Hoewel Ed voor de grap zei dat die kilo's eraf mogen blijven, ziet hij me toch graag weer eten. Dat is nu ook mijn belangrijkste taak: aansterken en meer eetlust en energie krijgen.

Op het aanrecht staat 'mijn apotheek': acht bakjes met medicijnen, tweeëntwintig doseringen per dag. Ed heeft een vel papier op de koelkast geplakt waarop hij gaat bijhouden welke medicijnen hij aan mij geeft en wat mijn lichaamstemperatuur is. Vanwege de aanhoudende pijn in mijn arm krijg ik nog steeds morfine. De artsen hadden vooraf gezegd dat ik de eerste twee weken van de bestraling meer pijn aan mijn arm kan hebben, en dat is helaas waar. Door de bestraling is een vochtophoping ontstaan en die zwelling drukt op de zenuwbaan. De pijn is echt heftig. Een zeurende pijn in mijn arm en schouder. Soms zijn het tintelingen in mijn hele arm en mijn vingers. Alsof een spier continu onder spanning staat. Het is een soort kramp, en dat continu. Heel vervelend. Ik wil mijn arm losschudden en de pijn laten verdwijnen, maar dat lukt niet. Als het me echt irriteert, streel ik er met mijn andere hand over. Dat verzacht iets. Ik slik behalve zes keer morfine per dag ook acht paracetamol en drie keer diclofenac. Anders is de pijn niet te verdragen.
Nu ik thuis ben, moet ik vier keer per dag antibiotica slikken. Dat is stukken prettiger dan het infuus in het ziekenhuis. Zo'n infuus

vind ik vreselijk irritant. Ik ben echt blauw geprikt. Ze zeggen dat mijn aderen goed te zien zijn, maar het lijkt alsof het bloed niet doorstroomt. Soms moesten ze wel drie keer prikken om een ader te vinden. Als het dan nog niet lukte, brachten ze me naar de Pacu, de uitslaapkamer. Daar werken de meest geoefende prikkers van het ziekenhuis. Als het de anderen niet lukte, mochten zij zich op mijn aders uitleven.

Ed: "Bieb, ik heb vannacht zitten googelen."
Ik: "Ja, ik miste je al in bed."
Ed: "Ik heb gevonden dat pillen tegen misselijkheid alleen helpen als je ze ook daadwerkelijk slikt. Ik zie dat je dat nog niet gedaan hebt."
Ik: "Ik ben nu niet misselijk."
Ed: "Je bent niet misselijk? Dat is mooi. Dan breng ik je zo een bak met fruit."
Ik zucht: "Oké."

In het ziekenhuis was ik elke dag misselijk en heb ik niet één keer een pil tegen misselijkheid genomen. Door alle medicijnen die ik slik, ben ik nog steeds vaak misselijk, en eigenlijk wil ik geen pil tegen misselijkheid, want ik slik al zoveel. Nu moet ik van 'dokter Ed' preventief een pilletje slikken, zodat ik (hopelijk) niet meer misselijk word en meer eet en hopelijk ook meer eten binnenhoud. Hij heeft wel gelijk als hij, wijzend naar mijn thuisapotheek op het aanrecht, zegt: "Dat ene pilletje maakt ook geen verschil." Omdat ik weet dat ik moet aansterken, stem ik in met dit experiment. De komende twee dagen neem ik preventief een pil tegen misselijkheid. We gaan zien of het helpt. Ik hoop het, want ik wil heel graag aansterken en weer gaan bewegen. Ik baal dat ik niet fit genoeg ben om te sporten. Ik denk echt dat het goed zou zijn. Door te sporten komt mijn lichaam letterlijk in beweging en worden afvalstoffen afgevoerd, zodat mijn lijf beter werkt. Ik kan niet wachten tot ik me beter voel en weer in actie kan komen. Al kan ik maar even op de hometrainer fietsen. Dat lijkt me heerlijk!

Juul is nog steeds op vakantie. Ik spreek hem, Pep en Margot bijna iedere dag. Juul is enorm opgelucht dat ik uit het ziekenhuis ben ontslagen en weer thuis ben. Margot vertelt dat het goed

met hem gaat en dat hij zich erg vermaakt. Via *whatsapp* stuurt ze me foto's van Juul die aan het zeilen en *hydrosliden* is. Ik zie hem lachend op een plank, terwijl hij tussen rafters door manoeuvreert op een rivier. "Hij lacht veel en hij is lekker fysiek bezig", schrijft ze. Dat is heerlijk om te horen.
Ik mis hem, maar aan de andere kant vind ik het ook wel fijn dat hij nu op vakantie is. Als hij hier zou zijn, zou hij continu geconfronteerd worden met een moeder die op de bank ligt en niet zo heel veel kan. Hij is een binnenvetter en maakt zich vast meer zorgen dan hij laat blijken. Ik wil hem niet teveel belasten. Zolang er hoop is, houden we ons lekker vast aan die hoop.
"Het leven is een weg. En soms is het een hobbelweg", hoorde ik Ed laatst tegen hem zeggen. "Nu zitten we op een flinke hobbelweg, maar wij hobbelen lekker door. En we genieten van alles wat er op dit moment mogelijk is. Uiteindelijk komen we weer op een gladde weg. Dat vertrouwen moet je hebben."
Wij vinden dat we de kinderen op de achterbank niet bang hoeven maken. Als het niet goed komt, zien we dat wel als het zover is. Tot die tijd hobbelen we lekker door. Als we ons continue zorgen maken, zitten we niet relaxt in de auto.

Ed heeft de afgelopen weken verschillende updates over mijn gezondheid op Facebook gezet. Onder andere vijf internationale snowboarders hebben gereageerd. Vandaag krijg ik een bericht van Keith. Ed laat het me lezen. Keith vindt het heel moeilijk om iets te schrijven. "Wat kan ik in zo'n situatie schrijven om je een hart onder de riem te steken", vraagt hij zich af. Het is wel herkenbaar wat hij schrijft. Veel mensen weten niet wat ze moeten zeggen of schrijven. Ze zijn bang voor het grote k-woord. Van sommige vrienden hebben we niks gehoord. Terwijl we van mensen van wie we het niet verwachten, wel weer steunbetuigingen krijgen. Hoe mensen ook reageren of niet reageren, het is goed. Ik begrijp dat het moeilijk is.
Door het bericht van Keith realiseer ik me dat ik niet wil dat het over is. Het is mijn droom om in maart bij de Paralympische Spelen in Zuid-Korea aan de start te staan. Ik heb me al gekwalificeerd en ik wil niets liever dan mijn titel verdedigen, maar op dit moment is mijn droom wel heel ver weg. Misschien is die droom wel helemaal weg. Ik moet eerst zien te overleven. Ik was best wel ziek de afgelopen weken. Als de bacterie niet was gedood,

had het heel anders kunnen lopen. Ik moet nu aansterken, beter worden. Daarna kan ik een beslissing nemen of ik het aandurf om weer wedstrijden te gaan snowboarden. Ik hoop dat mijn wervel C6 sterk genoeg is om mijn geliefde sport weer te gaan uitoefenen. Het gevoel van vrijheid dat ik heb als ik op een board sta, ik moet er niet aan denken dat ik dat niet meer zal voelen. Ik heb meer informatie van de artsen nodig om een besluit te kunnen nemen. Het niet-weten weerhoudt me ervan om nu over de Paralympische Spelen te dromen.
De pijn in mijn arm is best erg. Het is draaglijk, alles is draaglijk, maar die pijn geeft me een soort bewustwording dat er iets ernstigs aan de hand is. Ik heb iedere dag, de hele dag, tintelingen in mijn arm. Ik ben dit niet gewend: pijn hebben door kanker.
De manier van bestraling houdt ook een risico in. Ik kan blijvende schade aan mijn arm oplopen. Dat heb ik nu nog niet. Ik heb wel het gevoel dat er minder kracht in mijn rechterarm zit. En als ik naar mijn bovenarm kijk, zie ik dat mijn spieren afnemen. Er blijft niks over. Maar dat kan ik er wel weer aan trainen. Ik weet dat ik dat kan. Natuurlijk blijf ik vechten, maar ik ben wel een realistische vechter. Mijn paralympische droom is nu echt wel heel ver weg.

Ed sjouwt de hele dag fruitshakes, groentensmoothies, salades, gemberthee en af en toe wat ongezonds naar de bank.
"Eeeeten, Bibian", zegt hij als hij weer een bak gezond voedsel voor me op tafel zet.
"Ik heb nu niet zo'n trek", reageer ik.
"Kom op, het is goed voor je", zegt hij. "Je moet eten maar zien als onderdeel van je training voor de Spelen. Je hebt ook niet altijd zin in krachttraining, maar dat doe je omdat je een doel hebt. Eeeeten!"
Ik zucht.
"Ik voel me net een *feeder*", lacht hij als ik een gezicht naar hem trek.
"Haha, dit is veel te gezond voor een feeder", reageer ik.
We hebben een keer een televisieprogramma gezien waarin een man zijn vrouw, die al mega dik was, de hele dag heel vet en calorierijk eten voorzette. Hij kickte op seks met heel dikke vrouwen. Op een gegeven moment had zijn vrouw echt geen trek. Toen zei ze om hem te plezieren: "Doe maar een beetje

dan." Vervolgens haalde hij een enorme lading junkfood, maalde dat in een keukenmachine en daarna schonk hij het door een trechter bij haar naar binnen. Gatverdamme, wat goor. Bij de gedachte aan die ongezonde, bruinige voedseldrab kan ik niet anders dan het bakje met gezonde, vers gesneden groenten in vrolijke kleuren van tafel pakken en met smaak een paar happen eten.

Als we naar bed gaan, kruip ik in Eds armen.
"Zal ik je masseren?", vraagt hij. Hij masseert mijn pijnlijke schouder en arm. Het ontspant me. Ik ga op mijn zij liggen en kijk hem aan. Ik glimlach en geef hem een zoen op zijn mond. Ik streel zijn borst. Ik voel zijn handen langzaam naar beneden glijden. We zoenen en vrijen als twee verliefde tieners. Ed kijkt me diep in mijn ogen en lacht, maar tegelijk zie ik tranen over zijn wangen lopen. Ook ik moet huilen en lachen tegelijk. We hoeven niets te zeggen, we weten dat we hetzelfde voelen. We begrijpen elkaar steeds beter en houden steeds meer van elkaar. De liefde die we nu voor elkaar voelen is zo intens dat woorden vaak niet nodig zijn om te weten wat de ander voelt.

Ik ben Ed zo dankbaar dat hij er voor me is. Dat hij zo goed voor me zorgt en niet wegrent. Dat we bij elkaar kunnen uithuilen. Voor hem is het ook niet niks. Daarom vind ik het heel moeilijk als mensen opbellen en alleen maar vragen hoe het met mij gaat en hem niet vragen hoe het voor hem is. Ik ben blij voor hem dat hij vanavond met een vriend naar een U2-concert gaat. Hij kon onverwacht kaartjes krijgen en ik gun hem van harte dat hij even zijn zinnen kan verzetten en even los kan gaan. Helemaal leuk is dat hij er met Jeroen naartoe gaat. Ze kennen elkaar al hun hele leven; vierendertig jaar geleden gingen ze voor het eerst naar een U2-concert, vijftien jaar geleden weer en nu voor de derde keer.
"Ed", zeg ik, voordat hij weggaat.
"Ja, liefje."
"Ik hoop niet dat de woonkamer morgenochtend vol flessen shampoo ligt."
"Dat kan ik niet garanderen, Bieb", antwoordt hij lachend.
Hij heeft me verteld wat er gebeurde toen hij vijftien jaar geleden naar het U2-concert ging. Toen heeft hij de hele nacht gefeest.

Hij had al jaren niet geblowd, maar die avond heeft hij geblowd en gedronken. Om negen uur 's ochtends reed hij naar huis en toen is hij eerst naar de Makro gegaan omdat hij dacht dat hij dringend shampoo nodig had. Vervolgens is hij naar huis gegaan en zijn bed in gedoken. Toen hij 's middags wakker werd lag de woonkamer vol met flessen shampoo, en stond er een flatscreen televisie, een wokpan, een telefooncentrale met zes telefoons, en lag er een bezemsteel. Hij heeft geen idee hoe die spullen daar zijn gekomen, maar als ik hem daarmee pest zegt hij dat alles van pas kwam. De telefooncentrale kon hij op kantoor gebruiken, zijn oude televisie was toch al niks meer, een wokpan is altijd handig en hij hoefde twee jaar geen shampoo te kopen. Hij wist alleen niet zo goed wat hij met die bezemsteel moest.

Ed heeft bij een apotheek in Den Haag CBD/THC-wietolie gehaald. In Den Haag zit de enige apotheek die op recept van een dokter wietolie mag afgeven. Mijn moeder raadt me al jaren wietolie aan en ik ben nu zover dat ik het wel wil proberen. Hopelijk vermindert hierdoor de pijn in mijn arm. Mijn moeder denkt ook dat wietolie de grootte van een tumor kan doen slinken. Dat geloven wij niet, maar in het kader van 'baat het niet, dan schaadt het niet' ga ik het de komende weken gebruiken. Ik word nog niet behandeld voor de tumor bij mijn slokdarm. Als die de komende tijd toch kleiner wordt, dan weten we dat de wietolie werkelijk de groei van tumoren kan vertragen en wie weet zelfs verkleinen.
Ed druppelt met een pipet een paar druppeltjes wietolie onder mijn tong. Na een paar minuten mag ik weer slikken. Ik word er enorm suf van en loop meteen naar boven om naar bed te gaan. Juul komt even bij me liggen en Ed schudt het dekbed op. Dat doet hij altijd, maar deze keer doet hij het zo overdreven, dat we zowat het bed uitwaaien. Ik giechel. Als Ed het nog een keer doet, krijg ik een lachbui.
"Bieb, je neusvleugels klapperen", zegt Ed. Dat gebeurt altijd als ik hard lach. Juul ligt me met een verbaasde blik aan te kijken. Ondertussen doe ik het bed wat hoger. Shit, net te hoog. Iets lager. Pfffff, te laag. Ik druk het knopje van de afstandsbediening nog een paar keer in en het bed schokt omhoog en omlaag. Juul kijkt me nu heel raar aan.
"Waarom kijk je zo", vraag ik.
Hij proest: "Volgens mij ben je stoned, mama."

Ed en ik gaan elke dag naar het ziekenhuis voor de bestraling. Om Ed te ontlasten vraagt mijn moeder of ze een keer mee zal gaan, maar ik ga liever met Ed. Vroeger ging mijn moeder altijd mee. Toen ik een relatie met Ed kreeg, vond ze het eerst wel moeilijk. Ze had even het gevoel dat ze op de tweede plek stond, maar inmiddels is ze eraan gewend dat ik dit het liefst met mijn man doe.
Vandaag heb ik niet alleen een bestraling, maar er wordt ook weer een CT-scan gemaakt en we hebben een gesprek met een arts. Ik zit in een rolstoel als radiotherapeut dokter Spoelstra me uit de wachtkamer komt halen.
"Loop je even mee naar mijn kamer?", vraagt ze. Ik sta op uit de rolstoel en als ik opkijk is de dokter al bij de deur van haar kamer. Snel loop ik haar achterna.
"Bieb, doe nou rustig", hoor ik Edwin achter me zeggen.
"Hoe gaat het?", vraagt dokter Spoelstra als ik haar heb ingehaald.
"Het gaat wel", antwoord ik. "Ik ben alleen af en toe misselijk."
Ik heb het nog niet gezegd of daar komt een golf braaksel naar buiten. Ik heb net op tijd een kotsbakje van de tafel gegrist.
"Sorry", zeg ik.
Spoelstra kijkt naar de inhoud van het bakje en schrikt. Mijn kots is aardbeirood.
"We hebben vanochtend een shake van rood fruit gedronken", zegt Edwin, die haar geschokte blik ziet.
"Ah, oké", zegt ze.
"Sinds Bibian pilletjes tegen de misselijkheid slikt, gaat het een stuk beter met misselijk zijn en overgeven", vervolgt Ed. "Het is me opgevallen dat ze alleen nog overgeeft als ze een te grote inspanning verricht of als ze even snel iets wil doen."
Ik vraag aan dokter Spoelstra of het erg is dat ik, ondanks al het eten dat Ed me voorzet, nog geen ons ben aangekomen.
"In dit stadium zou het heel mooi zijn dat je aankomt, maar in de praktijk zijn we al blij als je niet verder afvalt", zegt Spoelstra.
Als ik even later op de weegschaal sta blijkt dat ik, sinds ik uit het ziekenhuis ontslagen ben en ondanks alle inzet van mijn feeder Ed en mijn gevoel dat ik de afgelopen week meer heb gegeten, toch weer een kilo ben afgevallen. Balen!

Voordat de scan gemaakt wordt, moet ik in een uur een liter water drinken. Met veel moeite krijg ik het naar binnen. Als ik

de laatste slok heb genomen, kijk ik triomfantelijk om me heen. Gelukt! Dan voel ik de misselijkheid weer opkomen. Ik loop snel naar de wc en daar komt een golf vloeistof naar buiten. Ik ga het niet nog een keer proberen. Daar heb ik ook de tijd niet voor, want ik word al opgehaald voor de scan.
"Kan ik nu wel in de scan?", vraag ik de radioloog.
"Ja, dat kan", antwoordt ze. "We kunnen het alleen beter zien als je veel gedronken hebt en daarna hebt geplast, zodat je lichaam hydrateert."

Als we van de VU naar huis rijden, draaien we in de auto keihard mijn favoriete nummer van dit moment: 'Burn Mother Fucker Burn' van de band Five Finger Death Punch. De tekst zit vaak in mijn hoofd als ik bestraald word. Weg met die tumor! Burn!!! Door de bestraling is mijn keel rauw aan het worden. Slikken wordt lastiger. De artsen hadden dat al voorspeld, maar het is wel heel irritant. Het duurt ook veel langer dan in voorgaande jaren, voordat ik me beter voel. Ik vind het een beetje veel, wat er afgelopen jaar en dit jaar gebeurt. Dat ik vorig jaar werd opgegeven. En hoe het nu met me gaat. Het is allemaal erg heftig. Voorheen was doodgaan een ver-van-mijn-bed-show. Ik dacht altijd: het komt wel weer goed. Ik had zware operaties, dat was kut, maar ik zag die kanker als een hardnekkige blessure waarmee ik oud kon worden. Nu ben ik me ervan bewust dat het veel harder kan gaan dan ik gepland had. En dan ik wil. Het is ook de eerste keer dat ik me echt niet lekker voel en dat ik zo veel en zo lang pijn heb. Ed zegt dat dit niet helemaal waar is. "Volgens mij heb je een kortetermijngeheugen, Bieb", zegt hij. "Na de longoperaties had je ook wel twee of drie maanden pijn." Hij heeft gelijk, maar voor mijn gevoel was dat anders, omdat ik toen wist dat het goed zou komen. Bij die operaties dacht ik: als ik het één keer aankan, kan ik het ook vijf keer. Nu weet ik net als afgelopen jaar niet hoe het gaat aflopen.

Laatst realiseerde ik me dat het de negende keer is dat ik kanker heb. Dan is het hierna klaar, want negen is mijn lievelingsgetal. Dit moet de laatste keer zijn dat ik die kut ziekte heb! Als ik deze keer de kanker achter me laat, krijg ik het nooit meer en word ik een oud, grijs omaatje dat geniet van het leven en van haar kinderen en kleinkinderen. Daar houd ik me nu maar aan vast!

Chemisch fabriekje

In de afgelopen vijf weken ben ik door een ziekenhuisbacterie doodziek geweest en tien kilo afgevallen. Nu is het zaak om weer sterk en fit te worden. Om op een gezonde manier aan te komen en mijn energie terug te krijgen. Ed heeft er zowat een dagtaak aan om de gezondste en lekkerste groenten- en fruitsmoothies, salades en avondeten voor mij te bereiden.

Ik ben in de voorbije jaren vaak benaderd door mensen die kanker hebben. Omdat ik acht keer kanker heb gehad, willen ze graag weten wat ik eet en drink. Ik wil vooropstellen dat ik geen diëtiste ben. Ik kan alleen vertellen hoe ik erover denk en wat voor mij werkt. Ik zie een lichaam als een soort chemisch fabriekje dat bij iedereen anders werkt. Als je er iets instopt, gaan de radertjes draaien. Stop je er iets verkeerds in, dan draaien de radertjes minder soepel. Ik geloof heel erg in de kracht van voeding en gezond eten. Daarom ben ik altijd op zoek naar manieren om mijn fabriekje zo goed mogelijk te laten draaien.

Ieder lijf is anders. Daarom moet je goed naar je lijf luisteren. Naar wat je lijf nodig heeft en welke fysieke inspanning je gaat leveren. Als ik veel krachttraining doe, heb ik vooral eiwitten nodig. In perioden dat ik hard aan het trainen ben, neem ik elke dag een proteïne shake om mijn eiwitten aan te vullen. Dan voeg ik een schep whey proteïne aan mijn smoothie toe. Whey, het Engelse woord voor wei, ontstaat bij het maken van kaas. Wei proteïne is gedroogd eiwitpoeder. Daarnaast eet ik veel eieren, kwark, tofu, groenten en fruit om aan mijn eiwitten te komen. Noten zijn ook heel gezond, maar ze zijn wel vet. Dus je moet er ook weer niet te veel van eten. Ik eet iets meer dan een handje noten per dag.

Als ik een duurprestatie moet leveren en koolhydraten nodig heb, eet ik volkorenbrood, volkoren pasta, quinoa of zilvervliesrijst. Ik let wel op dat ik niet te veel koolhydraten eet, want dat zijn dikmakers. Dat geldt ook voor saus. Als ik saus eet, maak ik die het liefst zelf. In voorverpakte sauzen zit vooral heel veel zout.

Groenten kook ik meestal niet; ik stoom ze. Ik gebruik geen duur stoomapparaat, maar een stoommandje. Die kosten maar een paar euro en die hang ik boven een pan kokend water. Mijn favoriete avondeten is Edwins curry van oosterse groenten met spruitjes en garnalen of witvis. Op nummer twee staat gewokte witlof met een sinaasappel, taugé, een beetje rode ui, walnoten en een scheutje rodewijnazijn met frambozensmaak. Heerlijk met een stuk gegrilde tonijn.

Vanwege mijn gezondheid eet ik al jaren geen vlees. Meerdere natuurartsen hebben tegen mij gezegd dat mijn lichaam heel slecht dierlijke eiwitten en vetten verteert.
"Jouw lijf zit bomvol dierlijke eiwitten en vetten", zeiden ze. "Het zou beter zijn om vegetarisch of veganistisch door het leven te gaan." Toen ik dat hoorde, ben ik gestopt met het eten van vlees en vis. Later ben ik wel weer vis gaan eten, omdat ik dat miste. Vlees mis ik niet en ik voel me daadwerkelijk beter als ik het niet eet. Ik voel me energieker en voor mij is dat een heel duidelijk signaal dat het goed voor mij is. Het enige wat ik weleens mis aan vlees is lumper, een Indonesisch bijgerecht. Het is een rolletje kleefrijst ter grootte van een kroket, gevuld met kip. Dat vond ik als kind heel lekker en toen ik een tijdje terug op de Pasar Malam was, had ik daar ook echt zin in.
Ik denk dat je altijd moet blijven nadenken wat bij je past en waar jij je lekker bij voelt. Een vriendin van mij is een klein, iel meisje, maar een echte carnivoor. Voor een snowboardwedstrijd at zij altijd een heel grote biefstuk. Dat paste bij haar, maar ik moet er niet aan denken.

Ik ken mijn lichaam goed, omdat mijn lichaam mijn gereedschap is. Ik moet ermee presteren. Maar ook al ben je geen topsporter, je hebt maar één lichaam en daar moet je goed mee omgaan. In veel gevallen is het zo dat je daar pas over gaat nadenken als je iets mankeert. Als je ziek wordt. Mensen luisteren vaak niet goed naar hun lichaam. Misschien zijn we, door alles wat we kunnen kopen, een beetje vergeten naar ons lijf te luisteren en zijn we vergeten wat gezond eten is en wat ons lijf nodig heeft.

Als sporter let ik natuurlijk al jaren op mijn voeding en na het slechte nieuws van afgelopen jaar ben ik nog beter gaan letten op

NOS op bezoek in het ziekenhuis.

NOS-interview door Herman van der Zandt, een dag na de wedstrijd in Sotsji.

NOS tijdens trainingskamp in Finland.

Lekker even op vakantie in Altea, Spanje.

Tijdens het Sup-event krijg ik een extra verrassing van Edwin, voor onze vijfjarige trouwdag. *(Foto: Ivo Geskus.)*

Mijn allerliefste Julian. *(Foto: Ivo Geskus.)*

Vijfenveertig wensballonnen zijn opgelaten; en nu maar hopen dat er een paar wensen uitkomen... *(Foto: Ivo Geskus.)*

Carpe diem.

de hoeveel geraffineerde suikers die ik eet. Dat deed ik al, maar nu draai ik echt elk pakje om en kijk ik wat er precies in zit. Liever koop ik helemaal geen voorverpakte producten, want daar zitten veel geraffineerde suikers in. Gelukkig is er een steeds grotere keuze aan suikervrije producten.

Eerlijk gezegd ben ik wel een zoetekauw en ik vind dat ik naast gezond eten ook wel tien tot vijftien procent ongezond eten mag. De 85/15 procent-regel noemen Ed en ik dat. Wij eten 85 procent gezond en 15 procent minder/niet gezond. Ik eet dus ook weleens een gebakje of een ijsje. Om te voorkomen dat ik te veel suiker eet, maken we vaak zelf ijs.

Als ik uit eten ga, eet ik na het hoofdgerecht meestal wel een toetje. Ik let er wel op dat ik dan geen brood eet en geen voorafje neem en ik drink geen alcohol. Als ik een ijsje eet, dan weet ik dat het slecht is, maar ik geniet ervan en ik doe het niet elke dag. Je lichaam kan het best aan als vijftien procent van wat je eet minder gezond is. Ik ben me ervan bewust dat er lekkere producten zijn die een beetje slecht zijn en dat er lekkere producten zijn die heel slecht zijn. Het verschilt nogal of ik een (zelfgemaakt) perenijsje of een magnum eet. En de hoeveelheid is natuurlijk ook van belang. Ik kan de helft van een klein zakje m&m's eten of een hele familiezak leegsnaaien. Ik probeer bodemdrift te voorkomen.

Wat me heel erg verbaasd en best wel kwaad maakt, is dat ik in de wachtkamer van de oncoloog folders zie liggen die het gebruik van suiker aanraden. 'Voelt u zich zwak na de chemo? Neem gerust een extra schepje suiker in de koffie of thee' staat er. En ook dat er geen wetenschappelijk bewijs is dat suiker slecht is. Daar begrijp ik echt niks van. Suiker is slecht! Wat ik ook heel raar vind, is dat ik na een operatie in het ziekenhuis lig en dat ik een lunch krijg die bestaat uit een witte boterham met roomboter, een pakje hagelslag en aardbeienjam, appelsap en een vruchtenyoghurtje. Dat is een pak suiker in de vorm van een lunch. Ik denk dat er nog veel te leren is wat dat betreft.

Ik probeer dus geraffineerde suikers te mijden, maar ik krijg wel natuurlijke suikers binnen. Ik eet namelijk veel fruit. Dat doe ik in de Griekse yoghurt of in magere kwark en ik maak vaak smoothies. Daarvoor gebruik ik een blender. Mijn ervaring is dat je geen slow juicer of ander apparaat dat de sappen uit je fruit en groenten haalt moet gebruiken, want dan gooi je alle goede vezels weg. Die zijn juist zo gezond, ze geven een vol gevoel, helpen de verbranding op gang en vezels zijn goed voor de stoelgang. Ik begin de dag vaak met een smoothie. Mijn favoriet maak ik met spinazie, banaan, (vers geperst) sinaasappelsap, blauwe bessen en/of aardbeien, een beetje water en een aantal ijsklontjes. Eventueel met een schep wei proteïne. De eerste keer dat ik een smoothie met spinazie maakte, vreesde ik dat het misschien niet lekker zou zijn. Wie gooit er nu groente in een fruitsmoothie? Maar spinazie is gezond, dus ik ging het proberen en het resultaat verbaasde me. De eerste keer voegde ik maar een klein beetje spinazie toe. Vervolgens heb ik de hoeveelheid langzaam opgevoerd. Een andere smoothie die ik lekker vind is een hele frisse en gezonde van ananas, citroen, gember, kurkuma en gele paprika.

Brood is misschien niet het gezondst om te eten, maar ik vind een volkoren boterham wel erg lekker. Meestal doe ik daar geen voorverpakt beleg of zoetigheid op, maar maak ik met een beleg van geitenkaas, tomaat, komkommer, sla, avocado, een gekookt ei of pindakaas een gezonde boterham. Behalve brood eet ik minimaal drie keer per week een salade of zelfgemaakte soep tijdens de lunch. Het kost wat tijd om alles te snijden, maar al die verse groenten zijn gezond en op die manier krijg ik weer veel vezels binnen.

Een salade die ik heerlijk vind en waar alle voedingsstoffen inzitten die je nodig hebt maak ik van veldsla, gemengde sla en/of rucola met quinoa, taugé, tomaat, komkommer, soja of zwarte bonen en wat noten en zaden. In plaats van bonen varieer ik met avocado, mozzarella en een gekookt ei. Als dressing gebruik ik een combinatie van een beetje olijfolie en (balsamico)azijn. Soms voeg ik een beetje suikervrije mayonaise toe.

Onlangs zag ik een overzicht met de voedingswaarden van broccoli en tomaten een vergelijking tussen vroeger en nu. De voedingswaarde is enorm gedaald in de afgelopen jaren. Om genoeg voedingswaarde binnen te krijgen, moet je kilo's broccoli eten. Dat is wel weer frustrerend. Hoe krijg ik ooit genoeg binnen, denk ik dan. Biologische groente schijnt meer voedingsstoffen te bevatten. Dat is wel een stuk duurder, maar mijn gezondheid is dat natuurlijk waard.

Ontdekken wat de juiste voeding voor je is, is best ingewikkeld. Het verschilt per persoon en, om het nog lastiger te maken, de adviezen veranderen ook in de loop van de tijd. Vroeger zeiden ze 'melk is goed voor elk' en nu zeggen ze dat koemelk alleen goed is voor kinderen van nul tot zes jaar. Zij hebben voldoende van het lactase-enzym dat de melksuiker in melk goed kan verteren. Oudere kinderen en volwassenen maken over het algemeen minder lactase aan.
Op een gegeven moment werd sojamelk gepromoot, totdat werd gezegd dat dit de hormoonhuishouding verstoort. Nu schijnen rijstemelk en amandelmelk gezond te zijn, maar die zijn weer een stuk duurder dan gewone melk. Als kind was ik allergisch voor koemelk en dat drink ik nog steeds niet. Ik gebruik wel rijstemelk en amandelmelk.

Wat ik nog meer eet? Ik maak vaak salade van rode biet en ik drink rodebietensap. Ik gebruik veel verse gember en kikkererwten. Ik eet geen margarine, wel echte boter. Ik gebruik kokosolie om in te bakken, lijnzaadolie in de yoghurt en olijfolie door de sla.
We koken vaak met kurkuma, ook wel geelwortel genoemd. Wij gebruiken deze specerij om vis en garnalen een lekkere smaak te geven. Kurkuma werkt ontstekingsremmend en - niet onbelangrijk in mijn geval - er wordt van gezegd dat het de groei van bepaalde kankercellen afremt. Dat is niet wetenschappelijk bewezen, maar aangezien kurkuma ook lekker smaakt gebruiken wij het veel. Als het positieve bijwerkingen heeft is dat mooi meegenomen.

Elke keer als ik kanker heb en als daarover berichten in de media komen, ontvangen we heel veel mails met adviezen. Vaak komen die van vrienden en bekenden die willen helpen, maar we krijgen ook mails met een commerciële achtergrond. Mensen die iets willen verkopen en die schrijven dat ik iets echt moet proberen. Vorig jaar kreeg ik een mail van een man die zei: "Ik heb een nieuw product dat helpt tegen kanker. Als je elke dag twee scheppen verse wasabi neemt, krijg je nooit meer kanker." Dat leek mij klinkklare onzin.

Toen ik aan het herstellen was van mijn vijfde longoperatie hadden we een bed in de woonkamer staan. Daar lag ik overdag en op een gegeven moment zag ik ineens een wildvreemde man in de tuin staan. Edwin deed de tuindeur open en ik hoorde die man zeggen: "Ik ben op zoek naar Bibian." Ik liep naar de deur en hij had helemaal niet door dat ik Bibian was. Vervolgens duwde hij Edwin een folder in de handen en zei, terwijl ik er bij stond: "Dit moet je aan Bibian geven. Als ze dit gaat doen, zal ze nooit meer ziek worden." Voordat we konden reageren, was hij alweer verdwenen. Edwin en ik keken elkaar stomverbaasd aan. Wat gebeurde hier nou net? We wonen best afgelegen. Hoe wist die vent ons adres? En dan staat hij hier voor de deur, ik sta voor zijn neus en dat heeft hij niet door. Echt bizar! De folder bleek over een hele dure kuur in Duitsland te gaan. We hebben de folder bij het oud papier gegooid.

Ik heb ook veel grootmoedersrecepten ontvangen. Daar ben ik echt mee doodgegooid (sorry voor dit woord) de afgelopen jaren. Zo zou ik door het slikken van levertraan nooit meer ziek worden. Het stomme is dat ik, zeker afgelopen jaar toen ik was opgegeven, al die adviezen niet weg durfde te gooien. Stel dat er iets tussen zat wat me kon helpen? Edwin heeft alle mails gelezen en afgehandeld. Ook wietolie is me al heel vaak aangeraden. Ik geloofde altijd wel dat het goede dingen zou kunnen doen, maar tot afgelopen maand heb ik het nooit gebruikt. Ik kan ook niet zomaar van alles uitproberen, want dat kan vragen oproepen bij een dopingcontrole. Daar moet ik altijd rekening mee houden.
Maar de afgelopen weken had ik zoveel pijn dat ik die wietolie wel wilde proberen. En natuurlijk hoop ik stiekem dat het inderdaad een wondermiddel is en dat de kanker straks op miraculeuze wijze verdwijnt en nooit meer terugkomt.

Ik geloof in de reguliere geneeskunde, maar ik sta ook open voor het zogenoemde alternatieve circuit. Zo ben ik een keer naar een orthomoleculair arts gegaan om te horen of hij bruikbare adviezen voor me had. Het consult was schreeuwend duur. Hij deed allerlei testen, een bloedonderzoek en ik ging duizend euro lich-

ter de deur uit. Daarnaast moest ik nog voedingssupplementen (vitamines en mineralen) aanschaffen à 500 euro. Het was dus erg duur, maar ik dacht: nu ik bij hem geweest ben, ga ik die supplementen slikken en wie weet is het goed voor me. Na twee maanden vroeg ik me af of ik me daadwerkelijk beter voelde. Dat kon ik niet echt zeggen.
In hoeverre heb ik dit nodig, vroeg ik me af. Reageert mijn lijf op deze supplementen? Dat gevoel had ik niet en mijn gevoel is mijn graadmeter. Op een andere manier dan dat kon ik het ook niet beoordelen, want ik had geen klachten toen ik daar kwam. Als je met langdurige hoofdpijn zo'n arts bezoekt en de hoofdpijn is na twee maanden voedingssupplementen innemen weg, dan weet je dat ze helpen. Ik ging er alleen naartoe om mijn 'fabriekje' optimaler te laten draaien. Ik ben dus gestopt, omdat ik niet het gevoel had dat het iets voor me deed.

Afgelopen jaar, nadat ik had gehoord dat ik was opgegeven, heb ik weer eens een natuurarts bezocht. Hij gelooft dat ons onderbewustzijn heel erg sterk is en dat dit een grote invloed heeft op ons leven. Ik zei tegen hem dat ik hoopte dat ik nog minimaal vijf jaar zou leven, omdat Juul dan achttien jaar is. Dan is hij volwassen en kan hij beter zonder zijn moeder. Toen vroeg die natuurarts waarom ik zo denk.
"Zo geef je aan je onderbewuste de boodschap dat je nog maar vijf jaar leeft", zei hij. "Wat zou je het allerliefste willen?"
"Dat ik een oud, grijs omaatje word", antwoordde ik.
"Dan ga je dat nu denken", zei hij. "Als je die boodschap aan je onderbewuste geeft, word je misschien wel negentig."

Het vervelende van het alternatieve circuit is dat er ook mensen werkzaam zijn die echt geen verstand van zaken hebben en alleen maar proberen geld te verdienen aan jouw wanhoop. Sommige verhalen zitten heel goed in elkaar en als je wanhopig bent, wil je graag geloven dat iets je gaat helpen. In het alternatieve circuit hoeft geen bewijs geleverd te worden of een middel werkt. Hoe kun je het kaf van het koren scheiden? Wij hebben altijd gekeken naar een combinatie van de reguliere geneeskunde en de alternatieve wereld. Wat mij betreft is er één gouden regel: '*If it looks too good to be true, it often is too good to be true*'.
Mijn moeder is bijzonder geïnteresseerd in het alternatieve en

Ed is vooral geïnteresseerd in de wetenschap. Hij vindt dat iets bewezen moet zijn. Ik zit er dus letterlijk en figuurlijk tussenin. Als mijn moeder iets leest over een bepaalde remedie die werkt tegen kanker denkt ze meteen dat die mij ook zal helpen. Terwijl er zoveel verschillende vormen van kanker en zoveel remedies zijn en ieder lijf anders is. Mijn moeder is heel erg tegen chemo en bestraling. Maar soms heb je geen andere optie vind ik. Mijn moeder zegt altijd dat alternatieve geneeswijzen niet eerlijk worden beoordeeld. Vaak gaan mensen pas naar alternatieve genezers als ze zijn opgegeven. Hun hulp wordt pas ingeroepen als de patiënt uitbehandeld is. Als zo iemand dan overlijdt, is dat een argument om te zeggen dat de alternatieve aanpak niet werkt, maar die patiënt was dus al opgegeven. Daar zit natuurlijk wel wat in.

Met gezonde voeding probeer ik mijn lijf als topsporter zo goed mogelijk te voeden, maar ik ben natuurlijk niet alleen sporter. Ik ben vooral een vrouw! En vrouwen zijn meestal erg kritisch op hun lichaam. Dat ben ik ook. Ik vind mijn benen te dik en ik vind dat ik een dikke kont heb. Natuurlijk kijk ik ook naar mijn gewicht, maar of ik nu zestig of zeventig kilo weeg, als sporter ben ik altijd zwaarder dan mijn vriendinnetjes omdat spiermassa meer weegt. Dat is soms best frustrerend. Op een gegeven moment heb ik dat losgelaten. Ik probeer zoveel mogelijk gezond en bewust te eten, in plaats van te letten op cijfertjes op een weegschaal.
Jaren geleden heb ik weleens diëten gevolgd om af te vallen, maar ik ontdekte al snel dat een dieet niks voor mij is. Vanaf het moment dat ik op dieet ga, raak ik geobsedeerd en denk ik alleen nog maar aan eten. Ik heb dan de hele dag honger. Dat werkt dus niet. Vandaar dat ik ervoor kies om geen calorieën te tellen of op dieet te gaan. Daar word ik geen gelukkig mens van.

In de media zie je alleen maar een ideaalbeeld van hoe vrouwen eruit moeten zien. Jonge meiden zoals Annabella en Laila kijken naar die prachtige modellen op Facebook, Instagram en op de cover van de Vogue en Elle. Ze zien alleen maar foto's van superslanke vrouwen en fitgirls. Dan denk je al snel dat je te dik bent. Natuurlijk ben ik daar ook nog steeds een beetje vatbaar voor. Maar tegenwoordig probeer ik het ideaalbeeld zo snel mogelijk los te laten en te denken: wat is goed voor mij? Op basis daarvan voed ik mezelf. Ik kies voor voeding die lekker en toevallig ook nog gezond is. Dat vind ik belangrijker dan aan het ideaalplaatje voldoen.

Behalve goede voeding is bewegen heel belangrijk. Als sporter beweeg ik natuurlijk volop, maar ook als ik een grijs omaatje ben wil ik nog steeds bewegen. Kijk naar mijn moeder. Ze is achtenzeventig jaar, neemt nog deel aan zeilwedstrijden en gaat elk jaar skiën! Het maakt niet uit of je gaat wandelen, fietsen, zwemmen of de hond uitlaten. Als je iets doet wat je leuk vindt, dan houd je het vol. Als je beweegt maken je hersenen het hormoon endorfine aan en daardoor ben je minder nerveus, minder negatief en voel jij je positiever en gelukkiger.

Naast gezond eten, gezond drinken en bewegen zijn voldoende slapen, positief denken, plezier maken en genieten mijn manieren om mijn chemisch fabriekje zo optimaal mogelijk te laten draaien.

Aandacht

Help! Ik ben een BN'er, dacht ik toen ik mezelf voor het eerst op de cover van Privé zag staan. Wie had dat kunnen denken, toen ik als achttienjarige begon met snowboarden. Ik realiseer me dat ik als minder valide sporter met mijn levensverhaal veel meer aandacht krijg dan ik als valide sporter ooit zou hebben gekregen. Dan zou ik in snowboard-gerelateerde bladen staan en zou er alleen over mijn sportprestaties zijn geschreven. Nu gaat het vooral over hoe ik ondanks mijn ziekte blijf presteren en genieten van het leven.

Inmiddels ben ik wel gewend aan media-aandacht, maar soms verbaas ik me er nog over en ben ik nog steeds het meisje dat het liefst achter moeders rok wil wegkruipen. Ik ben best wel bescheiden en verlegen. Van nature wil ik helemaal niet op de voorgrond staan, maar ik ben in die rol gegroeid. Toen ik voor het eerst voor een groep moest staan, was ik heel zenuwachtig. Dat was in de tijd dat ik snowboardles gaf. Ik vond het heel eng om een groep mensen toe te spreken, maar ik móest het doen, want ik was de juf en het werd van mij verwacht. Nu ik volwassen ben, neem ik eerder de leiding en geef ik regelmatig *motivational speeches* voor organisaties en bedrijven. Ik vind dat fijn om te doen omdat ik daarmee mensen hoop te inspireren, maar het is niet honderd procent wie ik ben. Een deel van mij is nog steeds de verlegen Bibian, die graag vanaf de zijlijn toekijkt.

Toen mijn rechteronderbeen net geamputeerd was, werd ik gevraagd om mijn verhaal in een tijdschrift te vertellen. Ik dacht: dat doe ik een keer en dan ben ik er vanaf. Dan weet iedereen wat er gebeurd is en dan is het klaar.
Na de publicatie kwam er een meisje, Floor van der Wal, naar me toe. Ze had CP, Cerebrale Parese. Doordat ze bij haar geboorte te weinig zuurstof had gekregen, had ze spasmen in haar ledematen. Ze had het interview gelezen en ze bedankte mij. Ik vroeg haar waarvoor ze me bedankte.
"Voor het opschrijven van jouw verhaal", zei ze. "Ik heb er veel aan gehad en ik heb besloten om mijn passie te volgen en

alleen maar dingen te doen die ik echt leuk vind." Ze is *stand up comedian* geworden bij de Comedytrain in Amsterdam. Ik vond het natuurlijk fantastisch dat ik haar geïnspireerd had en dat ze haar droom had verwezenlijkt. Helaas is ze ruim zes jaar geleden geschept door een auto en overleden. Ze is maar zesentwintig jaar geworden.

Nadat Floor me had bedankt, realiseerde ik me dat het mij helemaal geen moeite kost om mijn verhaal te vertellen en dat ik er blijkbaar mensen mee kan helpen. Sindsdien denk ik: al kan ik er maar één iemand mee helpen, dan vind ik het de moeite waard en blijf ik mijn verhaal vertellen. Als ik nu in de supermarkt naar het tijdschriftenschap kijk, zie ik allemaal tijdschriften waar weleens een artikel over mij in heeft gestaan. In de eerste jaren waren dat natuurlijk vooral sporttijdschriften, maar het werd steeds breder. Tot de Privé aan toe dus.

Ed en ik vinden het prima als media ons benaderen en we willen graag meewerken als journalisten geïnteresseerd zijn in het hele verhaal. Dus niet alleen als ik ziek ben, maar ook als ik een goede prestatie neerzet of een award win. Het moet niet alleen 'sensatie' zijn. Een enkele keer denk ik wel: laat me met rust. Dat was bijvoorbeeld tijdens de Spelen in Sotsji, toen ik als atleet vragen kreeg over de politieke situatie in Rusland, de situatie op de Krim en antihomowetten in Rusland. In dergelijke gevallen ben ik blij dat Ed mij afschermt van de pers. Hij komt meer voor mij op dan ik zelf zou doen. Maar gelukkig is dat niet zo vaak nodig; over het algemeen zijn we heel blij met de media.

Soms zoeken we de media ook zelf op. Om geruchten te voorkomen als ik ziek ben of om publiciteit voor de stichting of voor het merk Bibian te krijgen. Zo heeft Edwin afgelopen zomer - in overleg met mij - op een gegeven moment op Facebook gedeeld dat ik weer kanker had. Als ik regelmatig in het ziekenhuis ben, word ik herkend en dan ontstaan er verhalen. Dan kunnen we beter zelf vertellen wat er aan de hand is, dan dat er allerlei speculaties ontstaan.

Door mijn werk en mijn levensloop krijg ik veel aandacht van de media, maar ook privé draait er veel om mij. Nogmaals: dat zit niet in mijn karakter, maar als je aan topsport doet werkt dat gewoon zo. Als topsporter heb je geen negen tot vijf baan. Mijn leven is ingericht op mijn sport. Het gezin moet daarvoor offers brengen. Juul moppert weleens: "Het gaat heel vaak om jou, mama. Je bent altijd bezig met snowboarden." Dat wil ik helemaal niet. Ik wil juist dat hij op de voorgrond staat. Wat Juul en ik het liefst samen doen is knuffelen en snowboarden. En knuffelen doen we veel, maar de afgelopen jaren is het samen snowboarden er vaak bij ingeschoten. Als hij meeging naar wedstrijden vond ik dat natuurlijk heel fijn, maar eerlijk gezegd had ik niet veel gelegenheid om met hem te snowboarden. Dat is natuurlijk wel erg jammer. Juul zegt altijd dat hij me mijn leven als topsporter gunt, omdat hij van me houdt. Maar hij mist me wel als ik aan het trainen ben of deelneem aan wedstrijden. Edwin en ik zouden heel graag met de kinderen een reis van drie weken naar Indonesië maken. Mijn roots liggen daar en ik ben er nog nooit geweest, maar vanwege mijn trainingen kunnen we in de zomervakantie niet drie weken met het gezin op reis.

Toen Edwin een relatie met mij kreeg, wist hij in welke boot hij stapte. Hij wist dat ik in de aandacht en publiciteit stond vanwege mijn sport en mijn levensverhaal. Soms voel ik me daarom machteloos als hij in een discussie zegt dat alles om mij draait. Juist omdat ik me er heel erg bewust van ben dat ons gezinsleven vaak in het teken van mijn sport staat. Daarom probeer ik juist om hem en Julian ook in het zonnetje te zetten.

Als ik niet ziek ben en alles gewoon loopt, draait het veel om Ed. Hij treedt graag op de voorgrond en ik vind dat prima. Ik heb een heel sterke man nodig en ik val op stoere types met bravoure. Op haantjes. Soms is het lastig voor hem om samen te zijn met iemand die continu alle aandacht van de buitenwereld krijgt. Omdat Ed en ik veel samen optrekken, verschuift de aandacht gelukkig steeds meer van mij naar ons samen.
Zo vroeg de vriend van Romy Monteiro aan Edwin: "Weet je van wie ik een groot fan ben?"
Edwin antwoorde: "Van Bibian?"
"Nee, van jou. Ik heb heel veel respect voor de manier waarop jij je vrouw steunt. Ik hoop ooit de man te zijn voor Romy die jij bent voor Bibian."

En een paar weken geleden kwam in de VU een man naar ons toe, die tegen mij zei: "Ik heb zoveel bewondering voor jou." Vervolgens draaide hij zich naar Ed en zei: "En ook voor u. Het valt niet mee om een zieke partner te hebben."
Ik vind het fijn als mensen niet alleen maar aan hem vragen hoe het met mij gaat en vergeten dat het voor hem ook moeilijk is. Om Ed en Juul zo nu en dan exclusieve aandacht te geven, hebben we een Edwin-dag en een Juul-dag ingesteld. Het is een beetje symbolisch bedoeld, maar op zo'n dag gaat alle aandacht naar Edwin of Julian en mag ik me nergens mee bemoeien. Op Juul-dag bepaalt Juul wat we doen. Meestal gaan we dan eten bij een sushitent en naar de film. Als Ed op Edwin-dag in een driesterrenrestaurant zou willen eten, waarvan ik anders zeg: "Is dat niet wat duur?", dan heb ik er op zo'n dag niks over te zeggen.

Door mijn levensverhaal zit ik regelmatig aan tafel in talkshows. En zo nu en dan wordt gevraagd of ik wil meewerken aan een realityshow of aan een ander televisieprogramma. Meestal komt dat niet uit vanwege trainingskampen of wedstrijden en soms vinden we het programma niet geschikt. Zo ben ik al twee keer gevraagd om mee te doen aan 'Expeditie Robinson'. Dat is een realitysoap, waarin zestien kandidaten proberen te overleven op een onbewoond eiland. Het lijkt me heel erg leuk om daaraan mee te doen, maar ik kan het gewoon niet riskeren. Lichamelijk is het heel erg afzien en ik probeer juist door sporten, gezond eten en genoeg slapen te zorgen dat mijn lichaam in optimale conditie blijft. Ik ben bang dat ik teveel zou verzwakken als ik hieraan mee zou doen en dat de kanker dan vrij spel zou hebben.

Ook ben ik een keer gevraagd om mee te doen aan het programma 'The biggest loser'. Dat was een programma waarin kandidaten probeerden zoveel mogelijk af te vallen. Men had mij gevraagd of ik een kandidaat wilde coachen. Dat leek mij superleuk, maar de opnames waren verspreid over bijna drie maanden en in die periode stond er ook een trainingskamp naar Nieuw-Zeeland gepland. Ed moest even slikken dat ik de voorkeur gaf aan het trainingskamp. Dat kostte namelijk veel geld terwijl mijn deelname aan het programma juist veel geld zou opleveren. Het scheelde duizenden euro's op onze bankrekening, maar ik heb het programma afgeslagen en we zijn naar Nieuw-Zeeland

gegaan. Op een verjaardagsfeestje hoor ik het verhaal nog weleens langskomen, want Ed vindt het stiekem wel heel stoer dat zijn vrouw zo'n keuze maakt.
Ik word al een tijd gevolgd door een camerateam van de NOS. Ze filmen me in totaal drie jaar voor een documentaire die in de week voor de Paralympische Spelen in Zuid-Korea wordt uitgezonden. Ze zijn bij ons thuis geweest, ze hebben me gefilmd en uitgebreid geïnterviewd in Finland en onlangs hebben ze opnamen gemaakt tijdens de laatste bestraling van mijn wervel C6 in de VU in Amsterdam.

Afgelopen jaar zou ik deelnemen aan het programma 'Wie is de Mol?'. Ik werd daarvoor gevraagd en ik had het programma eerlijk gezegd nog nooit gezien, maar er natuurlijk wel over gehoord. Ed en ik hebben een heel seizoen op 'Uitzending gemist' gekeken en het leek me heel erg leuk om mee te doen. Ik had me dus aangemeld, maar een dag voordat we zouden vertrekken voor de opnamen, kreeg ik in het ziekenhuis te horen dat ik was opgegeven en dat de artsen niks meer voor me konden doen. Tja, toen heb ik natuurlijk afgezegd. Na zo'n bericht wil je niet vier tot zes weken gescheiden zijn van het thuisfront.

In het najaar van 2016 heb ik meegewerkt aan het programma '24 uur met...'. Ik verbleef 24 uur met Peter Heerschop in één ruimte en in die tijd, op een paar uurtjes slapen na, heeft hij me het hemd van het lijf gevraagd. Over mijn sport, mijn ziekte, mijn protheses. Ook vroeg hij me wat ik waard ben. Die vraag kwam nogal bij me binnen. Ik ging huilen en ik vond het moeilijk om de vraag te beantwoorden. Nu ik meer tijd heb gehad om erover na te denken, is mijn antwoord: Ik hoop dat ik veel waard ben. Ik hoop dat ik mensen kan raken en dat ik iets positiefs kan toevoegen aan het leven van anderen.

Na het programma heb ik heel veel leuke en lieve reacties ontvangen. Allemaal mensen die zeiden hoeveel ik in hun ogen waard was. Ik vind het mooi om te zien en te merken dat ik blijkbaar mensen raak. Daar kan ik alleen maar heel dankbaar voor zijn.

Kan ik mijn titel verdedigen?

13 augustus 2017 - Overmorgen gaan we op vakantie. Ed heeft een huis met zwembad gehuurd in Altea, vlakbij Alicante. Ik heb ontzettend veel zin om in Spanje te genieten van mijn gezin en van het lekkere weer daar. Ik zie alleen wel op tegen de vliegreis. De afgelopen twee en een halve week heb ik het huis niet verlaten behalve om met Ed naar het ziekenhuis te gaan. En daarvoor lag ik twee en een halve week in een ziekenhuisbed. Ik ben nog steeds de hele dag misselijk en als ik iets eet, moet ik nog regelmatig overgeven. Morgen wordt dus wel even doorzetten, maar daarna kan het grote genieten beginnen.

Voordat we naar Schiphol vertrekken, slik ik pijnstillers en ik heb lege zakjes bij me, waarin ik eventueel kan overgeven. Ed heeft een rolstoel geregeld, zodat ik op de luchthaven niet hoef te staan en te lopen. De rolstoel gaat ook mee naar Spanje; dan kan ik hem indien nodig daar ook gebruiken.

Als we bij het huis in Altea aankomen, bellen we aan. Een grote, zwarte poort schuift langzaam open. We rijden over een oprijlaan tussen grote olijfbomen door. Aan het einde van de oprijlaan staat een heel groot huis. De kinderen zouden vriendjes meenemen, maar door de huidige situatie gaven ze aan dat ze liever tijd met het gezin wilden doorbrengen. Het huis is geschikt voor veertien personen en we zijn nu met zijn vijven. Ruimte genoeg dus! We hebben allemaal een grote tweepersoonsslaapkamer met een eigen badkamer. Er is een heerlijk grote overdekte loungeruimte met een buitenkeuken en er is zelfs een biljartkamer. Morgen ga ik het huis verder ontdekken. Nu ben ik moe. Ik wil naar bed.

De zon, de warmte en de kinderen om me heen doen me goed. Het is ook heerlijk om niet elke dag naar het ziekenhuis te hoeven. Ik lig lekker bij het zwembad, in de schaduw van een grote, eeuwenoude olijfboom. Langzaam kom ik een beetje bij van alles wat ik de afgelopen weken heb meegemaakt. Het slechte nieuws, de ziekenhuisbacterie, de bestralingen, misselijkheid, overgeven en vermoeidheid. De spanning bij elke scan en voor elke uitslag.

Ik geniet van het lekkere weer en van het samenzijn met Edwin en de kinderen. De kids zijn zo lief voor me. Ze vragen regelmatig of ze iets voor me kunnen doen en of ik iets wil drinken. Edwin blijft de hele dag door gezond lekkers voor mijn neus zetten. Na de derde dag ben ik minder misselijk, ik geef niet meer over en mijn eetlust komt terug.

Het is heerlijk om te zien hoe de kids hele dagen lol kunnen maken met elkaar. Het komt goed uit dat we zoveel ruimte hebben en niet op een flatje zitten, want we gaan weinig op pad. Ed blijft zoveel mogelijk bij mij en brengt de kids een paar keer weg voor een uitstapje. Ze gaan met zijn drieën shoppen en brengen een dagje door in waterpark Aqualandia. Als ze waterscooters huren wil Ed wel mee, want hij is een groot kind dat ook wel even op het water wil racen. Ik ga een keer mee om wat te drinken en we gaan met zijn vijven uit eten. Als de kids een avond met zijn drieën uit eten gaan, genieten Ed en ik samen op het terras aan het zwembad van de zwoele Spaanse avond.

Langzaam krijg ik meer energie en ik probeer overdag minder te slapen zodat ik 's nachts beter doorslaap. Op de terugreis voel ik me stukken beter dan op de heenreis. En als ik thuis op de weegschaal sta, zie ik dat ik tijdens de vakantie één kilo ben aangekomen. Het is niet veel, maar het begin is er!

Drie dagen na de vakantie hebben we een gesprek in de VU en worden er weer scans gemaakt. In het uur voordat de PET-scan gemaakt wordt, moet ik een liter water drinken. Onderweg naar Amsterdam probeer ik die liter naar binnen te werken. Als we het parkeerdek bij de ingang van het ziekenhuis oprijden, moet ik nog een derde liter. Pfff. Tegen heug en meug drink ik het restant op. Ik stap uit de auto en als we naar het ziekenhuis lopen voel ik misselijkheid opkomen. Ik kijk om me heen. Waar kan ik overgeven? Nergens! Overal lopen mensen. Misschien daar, bij het viaduct? Ik loop er zo snel mogelijk naartoe. Net voordat ik mijn maag over de rand van het voetgangersviaduct wil legen, trekt Edwin me weg en duwt hij me in een hoek waar rolstoelen staan. Terwijl ik moet overgeven, hoor ik Ed hard lachen. Pfff, ik heb gelukkig niet over de rolstoelen gespuugd. Edwin kijkt over de reling van het viaduct.

“Er liepen daar drie mannen in witte jassen”, zegt hij. “Die had je vol geraakt, Bieb. Ze hadden een lading water en maagzuur over zich heen gekregen als ik je niet weggetrokken had.”

Een paar dagen nadat de scans gemaakt zijn, krijgen we de uitslag. We zijn allebei gespannen. ‘Met samengeknepen billen’, zoals Edwin het verwoordt, lopen we de kamer van dokter Max Dahele binnen. Hij heeft goed nieuws. Bij de hilus, de plek waar vorig jaar een tumor zat, is geen celactiviteit te zien. De bestraling met de MRIdian heeft dus echt geholpen. En in het plekje naast de slokdarm en het plekje op mijn rib is iets minder celactiviteit te zien dan een maand geleden.
Voor de vakantie hadden we afgesproken dat ik wellicht zestien of achttien bestralingen zou krijgen bij mijn slokdarm, maar nu denken wij dat het beter is als we hier nog even mee wachten. De tumor bij de slokdarm is niet gegroeid en misschien zitten er nog bacteriën, waardoor de ziekmakende infectie weer kan opspelen. Als we over drie of vier weken starten met de behandeling kan ik tot die tijd verder aansterken. En als we over een paar weken op een PET-scan of MRI zien dat het nog steeds rustig is of dat de tumor kleiner is geworden, dan kunnen we misschien nog wel langer wachten met bestralen.

Ik heb nog steeds niet veel energie en daarom heb ik nog weinig mensen gezien en gesproken sinds ik uit het ziekenhuis ontslagen ben. Als ik bezoek heb, vind ik dat ik hen moet entertainen en daar heb ik nog geen puf voor. Ik vind het frustrerend dat ik me nog niet beter voel. Na mijn longoperaties kon ik het herstel uittekenen, maar nu zit ik te wachten tot mijn lijf meer aankan. Mijn geest wil wel, maar mijn lichaam is nog zwak. En wanneer gaat die stomme pijn in mijn arm eens weg? Dan kan ik stoppen met al die vreselijke medicijnen en hopelijk komt mijn energie dan terug. Lang rechtop zitten is al een opgave voor me. Door een zenuw die klem zit, heb ik continu uitstraling naar mijn arm en verkrampen alle spieren in mijn nek en bovenin mijn rug. Ik moet steeds van houding veranderen door de pijn. En de uitstraling naar mijn hand en mijn vingers is super irritant. Desondanks ben ik weer een beetje begonnen met trainen. Ik fiets elke dag tien minuten op mijn spinbike en doe rekoefeningen, maar ik slaap ook best veel. Blijkbaar heeft mijn lijf dat nog nodig.

Zo nu en dan maak ik me wel zorgen. Op drie plekken in mijn lijf zit een tumor. Het allerbelangrijkste is dat ik dit overleef, maar natuurlijk wil ik ook heel graag weten of ik mijn titel kan verdedigen in Zuid-Korea. Ik heb heel veel vragen waar ik graag een antwoord op wil. Edwin heeft contact opgenomen met de top neurochirurg van de VU, Ricardo Feller, en hij heeft contact gelegd met een neurochirurg in India en eentje in de Verenigde Staten. We willen van alle drie horen wat hun ideeën zijn over mijn nek. Hoe zwak of sterk mijn C6 is, hoeveel bot zich zal herstellen, welke bewegingen nog mogelijk zijn en hoeveel belasting verantwoord is. Ik ben gekwalificeerd voor de Paralympische Spelen en ik heb kans om te winnen. Ons doel is om naar de Spelen te gaan, maar het moet wel realistisch zijn. Als het zo zou zijn dat ik door te gaan snowboarden een dwarslaesie op zou kunnen lopen omdat mijn C6 zou kunnen breken, dan is dat het risico niet waard.

Misschien is het ook mogelijk om door middel van een operatie mijn nek sterker te maken, door nekwervels aan elkaar te zetten. Maar de vraag is wat het risico van zo'n operatie is en hoe de revalidatie eruit zou zien. Daarover wil ik ook graag meer horen, maar ik wil vooral van de allerbeste dokters horen wat ik nog kan en op basis daarvan een besluit nemen over mijn toekomst als topsporter. Omdat artsen geen verstand hebben van snowboarden en dit al snel als gevaarlijk zien, heeft Ed aan Feller en de andere neurochirurgen gevraagd of zij vinden dat ik weer kan fietsen, voetballen, zwemmen en bijvoorbeeld touwtjespringen. Op basis van hun antwoorden kunnen wij bepalen of snowboarden ook mogelijk is. Longarts Batche van de VU heeft een keer aangegeven dat ik geen wedstrijden meer zou kunnen snowboarden.
Hij zei: "Als je gaat snowboarden, ga je vallen."
Ik: "Voor iemand die niet aan snowboarden doet, klinkt het misschien als een gevaarlijke sport, maar voor mij is snowboarden hetzelfde als fietsen. Ik val niet."
Om hem duidelijk te maken dat snowboarden voor mij even 'gevaarlijk' is als fietsen, vertelde ik hem dat ik, toen ik zeven en een halve maand zwanger was van Juul, nog op een snowboard stond. Hij keek me stomverbaasd aan.
"Ik had er helemaal geen angst bij", zei ik. "Het voelde heel veilig. Anders had ik het uiteraard niet gedaan."

Mocht ik stoppen met wedstrijden snowboarden, dan moet dat op basis van alle mogelijke informatie zijn en niet omdat één arts denkt dat het te gevaarlijk is. We snappen dat artsen voorzichtig zijn, maar Ed en ik willen alle belangrijke informatie inwinnen en op basis daarvan zal ik zelf een besluit nemen. Ik wil later geen spijt hebben dat ik gestopt ben.

Mensen zeggen vaak dat snowboarden vanwege de sprongen en obstakels gevaarlijker is dan skiën. Het is ook wel een risicovolle sport, maar zelf heb ik nog nooit een enorme smakkerd gemaakt. Nou ja, één keer, toen ik net begonnen was. Toen heb ik een elleboog uit de kom gehad, maar daarna heb ik me nooit meer echt bezeerd. Ik snap dat anderen denken dat het wel gevaarlijk is, maar ik weet wat ik doe en ik weet wat ik kan op een board.
Het is echt balen dat ik relatief weinig tijd heb tot de Spelen. Eventueel zou ik er voor kunnen kiezen om alleen deel te nemen aan de banked slalom. Dat is minder 'risicovol' dan boardercross. Bij boardercross race je tegen iemand in dezelfde baan, dan is er een kans op botsingen en bij boardercross moet je grote sprongen maken. Dat brengt meer risico's met zich mee dan banked slalom. Voorlopig probeer ik er niet teveel aan te denken. Ik kan heel veel scenario's bedenken, maar dat heeft toch geen zin want ik weet niet hoe het loopt. Misschien is dat wel een beetje mijn kop in het zand steken? Struisvogelpolitiek?
Mijn moeder zegt altijd: "Het is geen struisvogelpolitiek, maar een overlevingstactiek."

Inmiddels zijn we anderhalve week terug van vakantie en ben ik weer één kilo aangekomen. Het is een opgaande lijn, maar ik heb nog steeds weinig eetlust. Door de medicijnen heb ik minder trek en door de medicijnen heb ik ook last van obstipatie, waardoor ik ook minder eet. Ik heb continue pijn in mijn arm. Daarom moet ik pijnstillers slikken en daar word ik suf van. Als de pijn afneemt heb ik minder pijnstillers nodig en ik denk dat ik me dan snel beter voel. Het is nu een beetje een vicieuze cirkel. Het is afwachten en hopen dat de pijn snel minder wordt.
Hoewel de artsen hebben gezegd dat mijn C6-wervel niet spontaan kan breken, merk ik dat ik heel voorzichtig ben met het bewegen van mijn hoofd. Mijn nek voelt fragiel. Normaalgesproken gebruik je kleine spiertjes om je hoofd te draaien en rechtop te zitten,

maar omdat ik toch een beetje angstig ben gebruik ik die nu te weinig. Daardoor belast ik de grote spieren te veel en ik merk dat die overbelast zijn. Ze verkrampen, waardoor ik extra pijn heb. Van een osteopaat heb ik rekoefeningen gekregen waarmee ik de grote spieren wat kan oprekken.

Rita van Driel van het Internationaal Paralympisch Comité belt om te vragen hoe het met me gaat.
"Ik herinner me nog zo goed dat je naar me toe kwam en vroeg of ik dacht dat het mogelijk was om snowboarden aan het paralympisch programma toe te voegen", zegt ze. "En wat een traject hebben we daarna afgelegd om dat daadwerkelijk te realiseren en dat je toen ook nog goud won." Als ze het zegt, hoor ik dat ze geëmotioneerd is.

We praten over de Spelen van 2018 en ik zeg: "Natuurlijk wil ik het liefst mijn titel verdedigen, maar de mooiste Spelen heb ik al gehad. Mooier dan Sotsji kan het bijna niet worden. Snowboarden werd na onze lobby van acht jaar een paralympische discipline. Drie atleten die we bij de stichting hebben opgeleid deden mee aan de Spelen, ik mocht de vlag dragen, won een gouden medaille, kon mijn sport op een wereldwijd platform laten zien en ik kreeg tijdens de sluitingsceremonie ten overstaan van 65.000 mensen de Whang Youn Dai-award uitgereikt. Beter dan dat wordt het niet! Als atleet bloedt mijn hart. Ik heb nog steeds een sportief doel en ik wil echt heel graag naar Zuid-Korea, maar aan de andere kant ben ik realistisch genoeg als duidelijk wordt dat mijn lijf het niet toestaat. Ik weet heel goed wat ik niet wil. Als er een risico is op een dwarslaesie, dan is dat risico te groot.

Wanneer ik stop met snowboarden op het hoogste niveau weet ik niet. Uiteraard hoop ik dat dit na Zuid-Korea is. Wanneer het ook is, ik zal altijd betrokken blijven bij de sport. Daar ligt mijn hart. Het is mijn levenswerk. Met de stichting zijn we bezig om kinderen en jongvolwassenen plezier te laten beleven aan sport en spel en het lijkt mij fantastisch om ook wereldwijd de paralympische gedachte te verspreiden. Om mindervalide mensen te helpen om hun kwaliteit van leven te verbeteren. Wat zou het mooi zijn als wereldwijd kinderen met een beperking niet alleen naar hun beperkingen kijken, maar dat ze geloven in hun mogelijkheden. Ik zou graag willen dat de Nederlandse Ski Vereniging ook meer doet om zoveel mogelijk kinderen met een beperking kennis te laten maken met sport. Dat hoeft in eerste instantie niet gericht te zijn op topsport. In mijn optiek moet je zoveel mogelijk kinderen met een beperking vinden die het leuk vinden om te sporten. Daar begint het mee. Vervolgens kun je kijken of er talent bij zit. De bond richt zich nu alleen op topsporters, maar we hebben ook nieuwe aanwas nodig. Wie vormen de volgende generatie als Merijn, Chris en Lisa stoppen?

De schoolvakantie is voorbij. Juul gaat naar de derde klas van de internationale school in Hilversum. Laila en Bella hebben voor de zomervakantie het diploma van de internationale hogeschool gehaald. Annabella studeert nu product design in Amsterdam. Laila is net op kamers gegaan. Ze woont op de campus van de Amsterdam University College en studeert psychologie.
Ed is vandaag de hele dag op pad voor de stichting en hij vroeg gisteravond: "Zal ik alvast voor jouw lunch morgen een boerenomelet maken?"
Juul hoorde dat en hij vroeg: "Hoezo? Ben jij er morgen niet?" Waarop Ed zei: "Ik moet morgenochtend heel vroeg de deur uit, maar wil jij dan voor mama zorgen? Dan ben jij de man in huis."

Vanmorgen speelde Juul inderdaad de man in huis. Hij heeft een ontbijtje voor me gemaakt en wel tien keer gevraagd of hij nog iets voor me kon doen. Hij vond het bijna vervelend dat hij naar school moest. Dat vind ik heel lief van hem en ook wel verontrustend. Het is niet zijn taak om zich zorgen over mij te maken en zich verantwoordelijk te voelen. Ik denk dat hij misschien sneller volwassen is geworden, doordat hij is opgegroeid met een moeder die regelmatig ziek is. Ik zou willen dat dit niet zo was. Ik hoop dat ik dit een beetje kan compenseren door heel veel met hem te knuffelen. We zijn een echt knuffelgezin. Ik ben blij dat Edwin en de meiden daar ook gek op zijn. Ik lig regelmatig met de meiden in bed te kletsen en te knuffelen. En als ik Juul in Eds armen zie liggen, smelt ik. Sinds Juul niet meer bij ons in bed slaapt hebben we de gewoonte dat ik, als de wekker 's ochtends gaat, op de muur klop en dat Juul dan even bij ons in bed komt liggen. Ik vind het heel fijn en bijzonder dat hij dat als veertienjarige nog wil.

Ik ben net naar het toilet geweest, als ik zie dat er iemand bij de voordeur staat. Een mevrouw.
Ik open de deur en ze zegt: "Goedemorgen! Dopingcontrole."
Ah. Ik had al het gevoel dat er weleens een controle zou kunnen komen. Ik sport momenteel niet, maar ik sta geregistreerd als actief sporter en ik ben gekwalificeerd voor de Paralympische Spelen. Dan kun je ook buiten de competitie om een dopingcontrole krijgen. Het is niet leuk, maar het hoort erbij.
"Kom binnen", zeg ik.
Ik leg haar uit dat ik herstellend ben van een ziekenhuisbacterie en dat ik net zestien bestralingen heb gehad. Ik wijs naar de bakjes medicijnen op het aanrecht. Oxycodon, diclofenac, pantoprazol, metoclopram, HCl autobindo, paracetamol en wietolie.
"Oh, ja, ik zie het", stamelt ze. "Sorry. Ja, je staat als atleet geregistreerd. Als je op tijdelijk non-actief staat, word je niet gecontroleerd. Ik denk dat ik toch een controle moet doen. Tenzij je weigert, maar..."
"Nee, natuurlijk niet. Het is goed", zeg ik. "Maar het kan even duren, want ik drink niet zoveel en daardoor plas ik ook niet veel en ik ben net naar het toilet geweest."
"In dat geval moet je nu veel drinken", zegt ze.
"Wil je misschien koffie, want het kan even duren", zeg ik. "Als ik veel ineens drink, word ik misselijk."
"Koffie is prima", zegt ze.

Terwijl Ed met de 'dopingdame' praat, neem ik kleine slokjes. Ik probeer zo snel mogelijk zoveel mogelijk te drinken.
"Ik denk dat ik nu wel kan plassen", zeg ik even later.
"Oké, we gaan het zien", zegt ze.
Ja, ze gaat het inderdaad zien. Letterlijk, hè. Ik weet inmiddels hoe een controle werkt, maar ik vertelde het een tijdje terug aan een vriendin en die sloeg steil achterover.
"Wat? Gaat ze met je mee naar het toilet?", vroeg ze.
"Yep", reageerde ik.
"En dan? Kan ze horen hoe jij plast? Echt? Dan zou ik al niet meer kunnen."
"Sterker nog", zeg ik. "Ze kijkt ook."
"Ze kijkt?"
"Ja, ze moet zien of de plas ook echt uit mijn lijf komt. Anders zou het kunnen dat ik bijvoorbeeld een bakje urine van Ed of

Juul klaar heb staan, wat zij elke dag verversen zodat ik, als er controle komt, die urine kan gebruiken om dopinggebruik te maskeren."
"Hè?"
"Ja, dat is gebeurd. Bij wielrenners. Vandaar dat een vrouwelijke controleur bij vrouwelijke sporters de test afneemt en bij mannelijke sporters een man om goed te kunnen kijken wat er gebeurt tijdens het toiletbezoek."
"Tsssssss."

Ik moet 90 ml in een potje plassen en dat lukt me niet in één keer. Ik plas 50 ml en ik vraag: "Hoeveel tijd heb je?"
"Totdat jij voldoende hebt geplast", zegt ze. "Ik heb een keer twaalf uur bij een sporter gezeten. Die wilde niet plassen en ik moest net zolang blijven tot dat wel het geval was."
Oh, wat erg. Stel je voor dat je twaalf uur moet doorbrengen met iemand die niet wil dat jij er bent. Lekker sfeertje. Uiteindelijk heb ik drie keer nodig om voldoende te plassen. Pffff, hebben we dat ook weer gehad!

Mikko en Matti logeren een nacht bij ons. Ze hebben in Landgraaf getraind en blijven een nachtje slapen voordat ze terugvliegen naar Finland. We kletsen, lachen en kijken filmpjes die Ed van onze races heeft gemaakt. Dat is best confronterend en emotioneel, omdat ik niet weet of ik nog ga racen. Ik twijfel er niet aan dat ik recreatief ga snowboarden, maar of ik in Pyeongchang mijn titel kan verdedigen, is nog steeds onzeker. We hebben nog altijd geen gesprek met de neurochirurgen gehad. Ed zegt keer op keer dat hij zeker weet dat we in Zuid-Korea aan de start staan. Het liefst sta ik daar, maar ik heb nog zoveel vragen. Dat maakt me onzeker. Bell Berghuis was hier vrijdag op bezoek. Ze vertelde dat het Nederlands team ook in de sneeuw aan het trainen is. Nu de winter voor snowboarders is begonnen, komt het wel heel dichtbij.

We zijn weer in de VU om uitslagen van scans te horen en met dokter Dahele het vervolg van de behandeling te bespreken. Hij vertelt dat in het plekje naast mijn slokdarm minder celactiviteit is dan een maand geleden, het plekje op mijn rib is iets groter geworden en bij mijn wervel C6 is een beetje verkalking te zien.

Dat is gunstig, want verkalking betekent botgroei. Dokter Dahele vertelt dat we in de eerste week van oktober starten met een nieuwe reeks bestralingen. Het gaat om twaalf stereotactische bestralingen voor het plekje op de rib en vierentwintig voor het plekje naast de slokdarm. De bestralingen zijn vier à vijf dagen per week en we hebben ervoor gekozen om de twaalf bestralingen van de rib op dezelfde dag te doen als de eerste twaalf van de slokdarm. Dan hoef ik geen zesendertig keer naar het ziekenhuis, maar zo beperken we het tot vierentwintig keer.

Het aantal bestralingen op het plekje bij de slokdarm is hoog, omdat ze een lagere dosis per keer willen geven, want dat geeft minder schade. Het bestralen van mijn slokdarm kan pijnlijk zijn en het kan problemen opleveren met slikken. Als mijn rib bestraald wordt zullen ze ook een deel van mijn longen moeten bestralen. Dat is afgelopen jaar ook al gebeurd en daardoor heb ik in de toekomst meer kans op longontsteking en kan het ook zijn dat mijn longcapaciteit afneemt.

Voordat de behandelingen starten, hebben we nog een paar feestjes op het programma staan. Op donderdag 21 september vieren we dat Ed en ik vijf jaar getrouwd zijn. Het is een prachtige nazomerdag. Ed heeft een grote sloep geregeld en we varen een stuk op de Loosdrechtse Plassen. Als we aanleggen tovert Ed een picknickmand tevoorschijn. Nadat we genoeg gegeten hebben, gaat Ed op zijn knieën en vraagt hij of ik opnieuw met hem zou willen trouwen. Als ik "Ja, ik wil nog steeds" zeg, schuift hij een prachtige gouden ring met een blauwe markies geslepen saffier om mijn vinger.

Ik heb aan Ed, mijn lover, vriend en maatje een brief geschreven waarin ik hem bedank voor alle liefde en steun in de afgelopen jaren, maar vooral dat hij de afgelopen maanden niet alleen mijn vriend en steun en toeverlaat was, maar ook mijn verzorger. Zowel fysiek als mentaal. Met zijn peptalks en optimisme heeft hij mij er echt doorheen gesleept. Ed is een ontzettende lieverd. Zijn steun en toewijding zijn groot. En ondanks zijn tweeënvijftig jaar vertoont hij nog steeds puppygedrag. We kunnen samen lachen en samen huilen. Hij is echt mijn maatje. Ik had met niemand anders de afgelopen jaren willen doormaken.

Op zondag 24 september vieren we met familie, vrienden, vriendinnen en andere bekenden ons vijfjarig huwelijksjubileum én we vieren alvast mijn verjaardag. Volgende week word ik vijfenveertig jaar. We combineren mijn verjaardag en ons huwelijksjubileum met het jaarlijkse *sup-event* van de Mentelity Foundation. Ook nu is het een heerlijk, zonnige dag. Na een middag suppen, start om zes uur een barbecue op het terras van Ottenhome in Kortenhoef. Er zijn wel honderd mensen. Ik maak met zoveel mogelijk vrienden en bekenden een praatje en geniet van een heerlijk stukje zalm met een lekkere salade. Op een gegeven moment hoor ik Eds stem door een microfoon. Hij klinkt ver weg. Waar is hij? Wah, de stem komt dichterbij. Vanaf het water? Even later zie ik hem aan komen varen. Hij draagt zijn trouwpak en in zijn hand heeft hij een grote bos rode rozen met één witte roos. Oh, wat super romantisch.
"Tijdens onze eerste date hoorden we het nummer 'Ordinary People' van John Legend", zegt Ed. "Hij zingt in dat nummer 'Let's take it slow' en wij spraken af om het rustig aan te doen, maar dat liep even anders. Twee weken nadat we een setje waren geworden, woonden we al samen. Dat was niet echt *slow*." Terwijl Ed aan wal stapt, zingt musicalzanger Tommie Christiaan het nummer 'Ordinary People'. Gitarist Nigel Schat begeleidt hem. Ed en ik zoenen elkaar en dansen onder toeziend oog van alle aanwezigen op dit mooie nummer.

Om acht uur is het donker en Ed heeft nóg een verrassing voor me. Hij deelt vijfenveertig wensballonnen uit.
"Graag de ballonnen aansteken en straks allemaal tegelijk loslaten", zegt hij. "En als je de ballon loslaat, mag je een wens doen voor Bibian."
Terwijl de verlichte wensballonnen boven de Loosdrechtse Plassen wegzweven, klinken over het water stemmen die zeggen: "Gezondheid voor Bibian, topper Bibian, Bibian oud omaatje, Bibian kampioen, gezondheid voor mama, ..."

Door het oog van de naald

Vanaf begin oktober gaan Ed en ik vijf keer per week voor de stereotactische bestralingen naar de VU. De eerste twaalf keer worden achtereenvolgens het plekje op mijn vijfde rib en het plekje naast mijn slokdarm bestraald. In de weken erna volgen nog eens twaalf bestralingen bij mijn slokdarm. Ik voel me nog steeds niet fit. Ik herstel slecht van de bacteriële infectie en door de pijn in mijn arm en nek kan ik maar twee à drie uur per dag zitten. Ik slik nog vrij veel medicatie en doordat ik regelmatig misselijk ben, eet ik niet veel. Echt aansterken doe ik niet. Ik ben dan ook blij als de bestralingen klaar zijn, want het kan zijn dat de misselijkheid mede door de bestraling komt. En daarnaast is het natuurlijk heel fijn dat we niet meer elke dag naar het ziekenhuis hoeven.

In november begin ik me langzaam wat beter te voelen en begin december denk ik: als ik nog naar de Spelen wil, wordt het tijd om in actie te komen. Ik moet gaan bewegen, de cirkel doorbreken. Mijn lichaam uitdagen en kijken hoe dat reageert. Afgelopen zomer heeft een weekje Spanje me heel goed gedaan, dus besluiten Ed en ik een lang weekend naar Marrakech, in Marokko, te gaan om wat zon en energie te tanken voordat we beginnen met trainen. We struinen door de stad en relaxen aan het zwembad van het hotel. Het is heerlijk om er even uit te zijn en de zon op mijn huid te voelen. We zijn lekker aan het dineren als mijn telefoon gaat. Het is dokter Dijkstra, orthopedisch chirurg van het Leids Universitair Medisch Centrum. Hij zegt dat hij Max Dahele van de VU heeft gesproken.
"Max heeft me gevraagd mee te kijken naar jouw case", zegt Dijkstra. "Ik heb de scan gezien die afgelopen week is gemaakt en ik vind dat jouw nek er fragiel uitziet. Ik wil er zo snel mogelijk samen met jullie naar kijken en bespreken wat we eraan kunnen doen."

Ik had zelf ook op de foto gezien dat mijn nek er fragiel uitzag, maar het telefoontje is wel een domper, net nu ik me beter voel en we even niet bezig waren met het ziekenhuis en kanker.

Een dag nadat we uit Marrakech terug zijn, hebben we al een gesprek in het LUMC.

"We zijn ons kapot geschrokken van de laatste CT-scan", valt Dijkstra met de deur in huis. "Op de foto's zien we dat jouw nekwervel aan het instorten is. De oorzaak zijn de bestralingen en het tumorweefsel dat er nog zit. Dat maakt je nek dusdanig instabiel dat we denken dat je op een keer je nek zult breken. En daar is heel weinig voor nodig. Als je een misstap doet, zou het al kunnen gebeuren. Wanneer je C6 kapot is, ben je vanaf je nek verlamd. Dan kun je alleen je hoofd bewegen. Het klinkt hard, maar het nadeel van je nek breken is dat je blijft ademen."

Shit! Ik heb eerder gehoord dat ik een dwarslaesie zou kunnen oplopen, maar nu komt het wel heel dichtbij. Het is heel confronterend dat de artsen zo geschrokken zijn van de toestand van mijn nekwervel. Voordat we iets kunnen zeggen, komt Dijkstra met een oplossing: "We vinden dat je geopereerd moet worden. Tijdens de operatie halen we eerst tumorweefsel weg, vervolgens verwijderen we de gehele nekwervel C6 en plaatsen een titaniumconstructie die ervoor moet zorgen dat je nek weer sterk genoeg is. Het wordt een langdurige operatie en het is riskant, want er lopen twee dikke aderen door je nekwervel naar je hoofd die voor de bloedtoevoer naar de hersenen zorgen. We zijn bang dat we een van die aderen moeten opofferen, omdat die bekneld is. Het goede nieuws is dat dat niet de dominante ader is. Door die ader zal er nog steeds genoeg bloedtoevoer naar de hersenen zijn, maar waarschijnlijk ga je wel veel bloed verliezen. Het is een zware operatie en de revalidatie duurt drie tot zes maanden."
Ed en ik kijken elkaar aan en zuchten diep. Dit zat eraan te komen, maar ik vind het heftig.
"Zijn er nog meer risico's, mogelijke complicaties?", vraagt Ed.
"Het hersenvlies zit voorbij de C6, je zou hersenvliesontsteking kunnen oplopen. En we kunnen een zenuw raken, waardoor functies als spraak, zicht of je arm kunnen uitvallen. Het is een zware operatie, maar we vinden eigenlijk dat je geen keus hebt."
"Hoelang kan ik erover nadenken?", vraag ik.
"Wat doe je volgende week dinsdag?", vraagt Dijkstra.
Op maandagmiddag meld ik me in het LUMC. Na een kort

onderzoek en een CT-scan zijn we klaar. Het is eind van de middag en ik hoef me pas na negen uur vanavond weer in het ziekenhuis te melden. Ed en ik hebben de traditie om vóór een operatie nog even lekker uit eten te gaan, en dat zijn we ook deze keer van plan. Voordat we naar ons favoriete Thaise restaurant gaan, chillen we even op de hotelkamer waar Ed vannacht verblijft. De telefoon gaat. Het is neurochirurg dokter Peul.
"Waar ben je?", vraagt hij. "We kunnen je niet vinden."
"We zijn in het hotel aan de overkant van de straat", antwoord ik. "We kunnen in vijf minuten in het ziekenhuis zijn."
"Nee, dat hoeft niet", zegt hij. "Ga maar naar de lobby van het hotel. Dan kom ik jullie kant op. Ik wil even wat met jullie bespreken."
Oh jemig, wat nu weer?, schiet er door mijn hoofd. Er zal toch niet nóg iets zijn?

"We hebben de CT-scan bekeken", zegt Wilco Peul even later. "Het ziet er nog slechter uit dan we vreesden. De wervel is meer ingestort dan we dachten en het is duidelijk te zien dat ook je ruggenmerg flink in de knel zit. Het is een wonder dat je nog kunt lopen en niet tot je nek verlamd op bed ligt. Ik heb heel weinig ruimte om te opereren. Daarom wil ik met een robot opereren om nog secuurder te kunnen werken. Gezien de situatie kan ik de hele operatie niet in één keer doen. Ik ga morgen aan de achterkant alle tumor- en bestralingsweefsel weghalen en een titaniumframe plaatsen. Over twee weken doe ik een vervolgoperatie aan de voorkant, waarbij ik de rest van de titaniumconstructie plaats."
Als dokter Peul vertrekt, blijven wij totaal uit het veld geslagen achter.

Het klinkt misschien rationeel, maar ik probeer niet te denken aan wat er mis kan gaan. Het heeft geen zin om me zorgen te maken over dingen die ik niet kan veranderen. De operatie moet gebeuren. Als ik dit nu niet doe, zit ik binnen de kortste keren met een dwarslaesie in een rolstoel. Daar waren de artsen duidelijk over. Ik ben wel nerveus, want het is een zware operatie, met veel risico's. Maar het is noodzakelijk. Ik laat het maar gebeuren. Ik heb gewoon geen keus.
De operatie duurt ruim negen uur. Ik verlies 2,5 liter bloed en

krijg een bloedtransfusie om te zorgen dat ik snel herstel voor de volgende operatie. Ik word wakker en wil mijn hoofd niet teveel bewegen, want dat is pijnlijk. Alsof er een vrachtwagen over me heen is gereden. Ik blijf stil liggen. Ik wil alleen maar slapen, mijn lichaam rust geven. Dat is het enige wat helpt. Ik ben nog een beetje slaperig als Ed en mijn moeder aan mijn bed komen. Ik zie hoe opgelucht ze zijn. Ed heeft tranen in zijn ogen.
"Je bent door het oog van de naald gekropen", zegt hij.

Ik ben blij dat ik tijdens de operatie niet in zijn schoenen stond. Voor hem was het veel spannender dan voor mij. Ik was onder zeil en had geen idee hoelang het duurde; Ed moest urenlang wachten. Pas later hoor ik van hem dat hij vóór de operatie bang was dat hij mij niet terug ging zien zoals hij mij had achtergelaten. Komt dit wel goed, vroeg hij zich af. Vervolgens duurde het twaalf uur voordat hij het verlossende telefoontje van dokter Peul kreeg. Gelukkig zei die meteen dat de operatie fantastisch was gegaan. In de tussentijd liep Ed uren doelloos door Leiden en zat hij urenlang naar zijn telefoon te staren. Hij werd helemaal gek. Hoe langer het duurde, hoe meer hij dacht: het is fout gegaan, ze is verlamd. Ik heb er daarentegen geen seconde over nagedacht dat het helemaal fout kon gaan. Het zit zo in mij om daar niet aan te denken. Van mijn moeder heb ik geleerd: als het tijd is om erover na te moeten denken, dan hebben we daar tijd genoeg voor. Misschien is dit mijn beruchte 'af en toe even lekker mijn kop in het zand steken-tactiek'?

Mijn doel is om zo snel mogelijk van alle slangen en infusen los te komen, zodat ik zelfstandig naar de wc kan. Ik vind het vreselijk als ik in een ziekenhuisbed op een pot moet plassen. Heel gênant en ongemakkelijk. Dan heb ik nog liever een katheter. Gelukkig mag ik na een dag al van de IC naar een kamer. Dan staat er ook al snel een fysiotherapeut naast mijn bed. Ze wil graag dat ik ga zitten. Dat is lastig, want ik wil mijn hoofd boven mijn romp houden. Als ik dat niet doe, trekt het aan mijn spieren en dat voelt alsof er met messen in mijn nek wordt gestoken. De fysio geeft me een paar goede tips. Als ik mijn buikspieren goed aanspan kan ik mijn nek boven mijn romp houden en dan heb ik minder pijn als ik ga zitten. Na drie dagen ziekenhuis mag ik, op Eerste Kerstdag, al naar huis. Dat is een complete verrassing. Super fijn.

Heerlijk om bij mijn gezin te zijn. Lekker bijkomen, heel rustig aan doen en opladen voor de volgende operatie.
Op 3 januari ga ik weer onder het mes. De operatie duurt ongeveer vier uur en alles gaat goed. Mijn gehele nekwervel is vervangen door een stevige titaniumconstructie. En deze keer mag ik zelfs al na twee dagen naar huis.
Ondertussen komen de Spelen dichterbij. Ed belt veel met Mikko, die behalve mijn technisch trainer ook fysiotherapeut en haptonoom is. De rest van het team is over vier weken in Canada en ik zou heel graag ook daar naartoe gaan om de eerste meters in de sneeuw te maken. Niet eens zozeer om me voor te bereiden op de Spelen, maar om lekker met Edwin en Matti te snowboarden. Om te doen wat ik het allerliefste doe.

Drie weken na de tweede operatie heb ik een controle bij dokter Peul. Mijn herstel verloopt voorspoedig. Ik slik nog wel pijnstillers, maar ik voel me elke dag een stukje beter. We vragen dokter Peul wat hij ervan vindt als we volgende week naar Canada gaan.
"Normaalgesproken staat er drie tot zes maanden revalidatie voor deze operatie en bij jou is het nu drie weken geleden", zegt hij. "Over het titanium maak ik me geen zorgen. Titanium is sterker dan bot. De constructie is goed en stevig, maar het titanium zit in je bot en je bot moet groeien en harder en sterker worden. Ik denk dat je kunt gaan, maar weet wat de risico's zijn. Het is niet wenselijk dat je op je nek valt."
"Ik ga voorzichtig beginnen en ik rijd geen wedstrijden", reageer ik. "Als ik naar de Spelen wil, moet ik nu echt iets gaan doen."
"Dat snap ik. Het is niet ideaal, maar ik sta erachter dat je naar Canada gaat. En als jij dat wilt, kun je wat mij betreft ook naar de Spelen."

Jippie, we gaan naar Canada! Lekker meters maken. Plezier beleven. Ik heb al tien maanden niet in de sneeuw gestaan en ik vind het fantastisch dat we tien dagen naar Big White gaan.
Na aankomst houd ik een dag rust, maar op dag twee sta ik voor de eerste keer weer op mijn board. Mijn nek is een beetje stijf en ik heb nog last van mijn schouder, maar dat is logisch. Ik maak mijn bindingen vast en daar ga ik. Ik kan nog glijden! Ik doe rustig aan. Ik train elke dag één à anderhalf uur en ik realiseer me dat het mogelijk was geweest dat ik dit nooit meer had gekund. Ik

vind het heerlijk om in de sneeuw te staan en plezier te maken met Matti, Mikko, Merijn en Ed. Het is heel fijn om het even niet over mij en mijn ziekzijn te hebben, maar over snowboarden en over gewone dingen zoals het liefdesleven van Matti. Het geeft me zoveel energie. Ik geniet!
Omdat ik niet aan de wedstrijden in Big White meedoe, zijn we op tijd terug in Nederland om Juuls verjaardag te vieren. Hij is superblij dat zijn mama er is om zijn verjaardag op de dag zelf met hem te vieren.
Na ons verblijf in Canada zijn we tien dagen in Nederland voordat we op trainingskamp naar Finland gaan. Ik zit tien dagen in de gym, want de tijd begint nu echt te dringen. Ik doe kracht- en conditietraining en train heel doelgericht op de anderhalve minuut durende wedstrijdrun. Ik slik nog pijnstillers en mijn conditie is nog niet zo goed, maar anderhalve minuut moet ik kunnen volhouden.

In Finland trainen we 's ochtends en 's avonds tweeëneenhalf à drie uur. Het is flink koud: min 35 graden. In de ochtend doen we techniektraining op een deel van de berg dat is afgezet. 's Avonds, als de berg voor anderen gesloten is, hebben we de hele course voor onszelf. Ed en Mikko hebben een heel moeilijke course gebouwd, moeilijker dan ik ooit heb gedaan. De trainingen zijn intensief en zwaar, maar fantastisch. Het is een heel effectief trainingskamp om Matti en mij klaar te stomen voor de Spelen. Merijn heeft zich helaas niet geplaatst.
Op 1 maart vertrekken we voor het laatste trainingskamp naar Japan. We blijven ruim drie weken van huis, want we gaan vanaf Japan meteen door naar de Spelen in Zuid-Korea. Met ons team, bestaand uit Mikko, Matti, Ed, onze nieuwe waxtech Juha en ik trainen we vlakbij de stad Nagano. Na een week training gaan we met zijn vijven een dag naar Tokyo voordat we de paralympische bubbel ingaan. We struinen door de stad, bezoeken tempels, verbazen ons over Japanse gewoonten en hebben enorm veel lol.
En dan is het zover. Op 8 maart vliegen we van Tokyo naar Seoul, waarna we met de bus naar Pyeongchang rijden. Let the games begin!

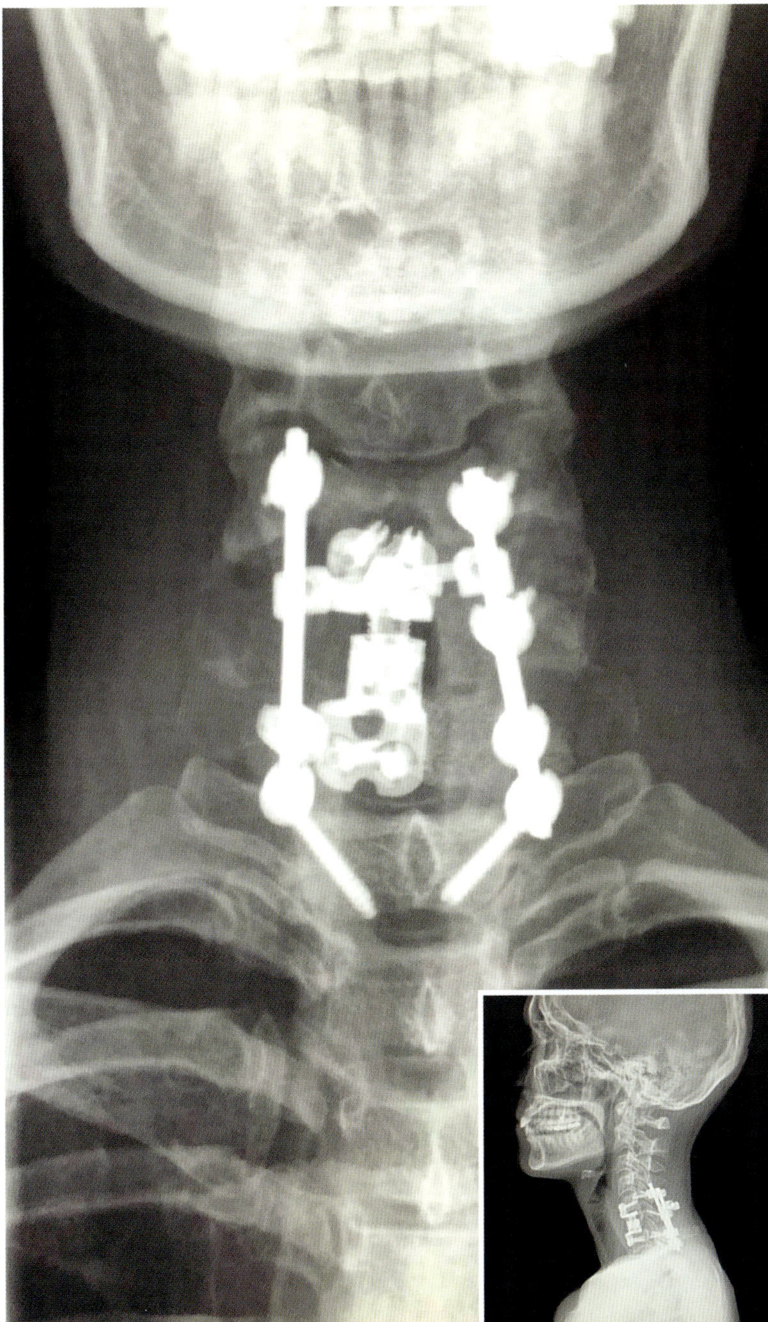

Titanium constructie ter vervanging van de zesde nekwervel.

Tweemaal goud! Wie had dat durven hopen?

Samen met Landgenoot Lisa en Astrid uit Spanje op medal plaza.

Les zondagochtend bij Snowworld Zoetermeer.

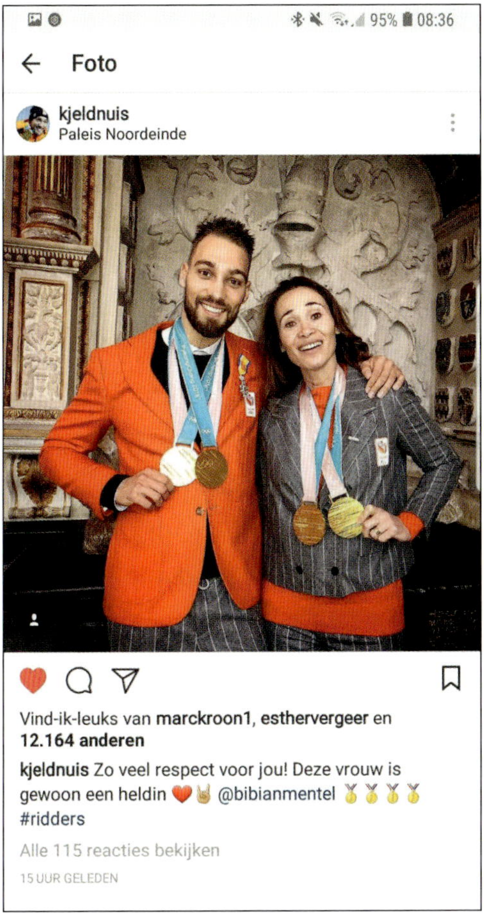
95% 08:36
Foto
kjeldnuis
Paleis Noordeinde
Vind-ik-leuks van marckroon1, esthervergeer en
12.164 anderen
kjeldnuis Zo veel respect voor jou! Deze vrouw is
gewoon een heldin @bibianmentel
#ridders
Alle 115 reacties bekijken
15 UUR GELEDEN

Goud.

Zes weken na nekoperatie terug in de sneeuw, Big White Canada.

Huldiging in Loosdrecht.

Laureus World Sports Awards in Monaco.

Het onmogelijke mogelijk maken

12 maart 2018 - Deze datum staat al vier jaar vetgedrukt in mijn agenda. Ook al was het heel lang de vraag of ik hier aan de start zou staan. Ik heb een heel slechte voorbereiding gehad, maar ik ben er bij en ik kan mijn titel verdedigen. Daar ben ik enorm blij om.

Vandaag staat de boardercross op het programma. Ik heb de course verkend en er zijn geen punten waarvan ik denk: dit kan ik niet. De course die Ed en Mikko in Finland voor Matti en mij hadden gebouwd was moeilijker dan deze. Ik heb weinig getraind, maar de fysieke trainingen in de afgelopen weken waren wel heel efficiënt. Ik ga ervan uit dat ik met mijn jarenlange ervaring, mijn techniek en mijn mentale gesteldheid vol vertrouwen op mijn board sta. Een groot deel van de wedstrijd win je tussen de oren en Ed en Mikko hebben me in de afgelopen weken het gevoel gegeven dat ik het kan. Alsof ik niet maandenlang in bed en op de bank heb gelegen en nog geen drie maanden geleden twee zware operaties heb ondergaan.

In de gondel naar de wedstrijdcourse zegt Mikko nog eens: "Wat ik in de afgelopen weken met jou heb gedaan, had ik niet met een ander gekund. Ik weet hoe jij kunt snowboarden en ik weet dat je een heel goede prestatie kunt neerzetten. Go girl, en geniet ervan!"
Als ik voor mijn kwalificatierun in de start gate sta, ben ik zenuwachtig. Dit is een paralympische wedstrijd en ik wil goed presteren. Dit is ook mijn eerste wedstrijd van het seizoen en ik heb geen idee waar ik sta ten opzichte van de andere dames. Daarom baal ik dat Lisa tijdens haar kwalificatierun valt. Ze is zes seconden langzamer dan ik, maar door de val weet ik niet hoe snel ze was geweest als ze was blijven staan. Ik win mijn halve finale en sta nota bene in de finale met Lisa. Voordat wij van start gaan is de kleine finale waarin Renske mag racen om de derde of vierde plek. Wat zou het supervet zijn als zij derde wordt,

want dan staan er drie Nederlandse meiden op het podium. We duimen voor Renske, maar ze krijgt toch die vierde plek.

Dan is het zover. Lisa en ik geven elkaar een knuffel en lachen. Dit is onze droomfinale. Nu gaat het om zilver of goud. Ik maak me het meest zorgen over mijn start; het wegtrekken uit de gate. Lisa is jonger en sterker dan ik. Zij heeft het hele jaar getraind. En ik weet dat mijn bovenlichaam op dit moment niet het sterkste deel van mijn lijf is. Het wordt spannend.
Het startschot valt. Wow, ik ben als eerste de start gate uit en rij de startsectie een stuk beter dan zij. Bij de eerste bocht lig ik een paar meter voor. Dan maak ik een foutje, waardoor ik snelheid verlies en ik voel dat Lisa inloopt. Ik pak de buitenbocht en merk dat Lisa binnendoor probeert te komen. Ik blijf rustig, want ik weet dat ze door die lijn te kiezen straks de buitenbocht heeft. De volgende bocht kom ik al weer onderdoor, maar Lisa heeft de verkeerde lijn te pakken en stuurt naar binnen. Ze komt steeds dichter in mijn lijn.
"Lies" roep ik, maar ze lijkt me niet te horen. Ik steek mijn armen iets uit om te voorkomen dat onze boards over elkaar komen en we vlak voor de jump crashen. Er is heel even contact, ik rem iets af en Lisa komt terug in haar baan en houdt positie. Ruim voor de volgende sprong zijn we los van elkaar, maar zij heeft zoveel vaart dat ze in disbalans raakt en dezelfde fout maakt als in haar kwalificatierun. Ze heeft teveel druk op haar voorste voet en valt voorover. Shit, ik kan geen kant op, ik val, bots tegen haar aan en glij vervolgens een stuk door. Ik sta op en zie Lisa nog liggen. Ik kijk nog een keer om en zie dat ze opstaat. Ze is oké. Ik draai me om en vervolg mijn race. Als ik over de finish kom, twijfel ik of ik kan juichen. Ik heb gewonnen. Yes! Ongelooflijk! Dit had ik echt niet durven dromen. Ik vraag me af hoe het met Lisa gaat. Het duurt een tijdje voordat ze over de finish komt. Er zit bloed op haar gezicht. Ik sluit haar in mijn armen.
"Wat gebeurde er", vraag ik haar.
"Ik weet het niet", reageert ze. "Ik overshootte die jump gewoon." Ze heeft een snee in haar wang. De paralympisch arts neemt haar mee naar een cabin om de wond te hechten, maar besluit dan dat het beter is als ze naar het ziekenhuis gaat. De snee is best diep en zit in haar gezicht, dus is het belangrijk dat het netjes gehecht wordt. Lisa gaat meteen naar het ziekenhuis en kan

daardoor niet bij de bloemenceremonie zijn. Die wordt direct na een finale gehouden zodat het publiek de atleten kan toejuichen. Heel jammer dat Lisa er niet bij is. Dit is ook voor haar belangrijk. Na de bloemenceremonie zie ik Juul, mama en Ed. Ze huilen, zijn trots en we zijn allemaal superblij. Wie had dit kunnen denken na alles wat er het afgelopen jaar gebeurd is? Ik loop langs alle media en geef tientallen korte interviews. Als ik klaar ben, moeten we meteen door naar de medaille-uitreiking op Medal Plaza in Pyeongchang. Door een storing aan de start gate liep de wedstrijd twee uur uit waardoor de medaille-uitreiking snel moet plaatsvinden. Dat betekent dat Lisa er niet bij kan zijn. Dat vind ik heel jammer. Prestatiemanager Ralf van der Rijst vraagt of ik wil dat de medaille-uitreiking doorgaat.
"Als Lisa er niet bij kan zijn, heb ik liever dat de uitreiking morgen is als dat kan."
"Het is aan jou", zegt Ralf. "Jij mag het zeggen."
"Ik wil het liever niet als Lisa er niet bij is", herhaal ik. "De hele wereld ziet de medaille-uitreiking. Lisa moet er gewoon bij zijn."
Als we in Pyeongchang aankomen, horen we dat de uitreiking morgenavond wordt gehouden. Mooi!

De volgende ochtend zie ik Lisa aan het ontbijt. Ze vertelt dat ze moe is, maar de wond is goed gehecht en ze kan vrijdag meedoen aan de banked slalom. Dit onderdeel staat bij deze Paralympische Winterspelen voor de eerste keer op het programma en daar nemen we ook allebei aan deel. Na het ontbijt hoor ik dat de ouders van Lisa denken dat ik haar opzettelijk geduwd zou hebben en dat ze daardoor gevallen is. Frank, de bondscoach van TeamNL, zegt dat ook. Ik baal ervan dat mensen, en zeker als ze mij al 25 jaar kennen, dit over mij zeggen. Ik zou zoiets nooit doen. Om mogelijke twijfel weg te nemen heeft de jury op verzoek van Frank de beelden van de race heel vaak vanuit verschillende hoeken bekeken. Zij hebben geconcludeerd dat de race eerlijk verlopen is. Lisa zei direct na de race zelf ook dat ze de jump overshootte, maar achteraf zegt ze dat ik mijn lijn niet hield. Dat ze daardoor in disbalans kwam en viel. Dat zijn volgens mij niet haar eigen woorden. Ik heb het gevoel dat anderen haar dit hebben aangepraat en dat vind ik jammer. Gelukkig was ik er zelf bij en weet ik wat er gebeurd is en ik weet ook dat ik nooit iemand zou duwen.

Vanavond is de uitgestelde huldiging op Medal Plaza. Het Nederlandse vak gaat helemaal uit zijn dak als Lisa met haar zilveren medaille wordt aangekondigd. Bij mijn huldiging klappen sommige mensen niet. Frank staat zelfs op een paar meter afstand voor me, met zijn handen over elkaar. Als je al 25 jaar vrienden bent, doet dat wel pijn. Het contact met de atleten is prima, maar met de snowboardcoaches van TeamNL des te minder. Het begon al bij aankomst in het olympisch dorp. Omdat een buschauffeur de weg niet kende, kwamen wij later aan dan gepland. Chef de mission Esther Vergeer had net bekend gemaakt dat ik tijdens de openingsceremonie de vlag zou dragen. Ze belde me een dag voordat we naar Zuid-Korea vlogen om te vragen of ik dat wilde. Ze zei dat ze mij de enige kandidaat vond die hiervoor in aanmerking kwam.
"Gelet op wat jij de afgelopen maanden hebt meegemaakt en wat jij voor de sport hebt betekend", lichtte ze haar keuze toe.

Ik was natuurlijk blij verrast en enorm vereerd. Ik vroeg me wel af hoe de andere sporters dit zouden opvatten. Ik val een beetje buiten TeamNL, omdat de anderen allemaal op Papendal trainen en ik met de Finnen. Toen wij in het dorp aankwamen was de lichaamstaal van de coaches van TeamNL duidelijk. Ed vond dat ik me aanstelde en zei dat het niet zo was, maar mijn gevoel vertelde me iets anders. Na de botsing met Lisa is de sfeer er niet beter op geworden. Ik vind dat heel vervelend. Ik houd van een goede sfeer en ik wil graag dat mensen me aardig vinden. Ik ben dan ook heel blij dat mijn twee beste vriendinnetjes, mijn moeder, haar vriend Rolf, Julian, Laila en Annabella hier zijn. Ik heb deze Spelen meer dan ooit steun aan hen. Juul zei tegen me: "Mama, je kunt niet met iedereen vrienden zijn."
Fijn dat hij dat al begrijpt, want ik heb er nog steeds moeite mee. Dat is mijn valkuil.
In de dagen tussen de races breng ik veel tijd met mijn familie en mijn vriendinnen door. We lunchen en dineren gezellig samen en Ed en ik trekken ook veel met de Finnen op.

Morgen staat de banked slalom op het programma en vandaag hebben we een training om de course te verkennen. In de stromende regen moeten we de course afleggen. Ik ben één van de laatsten die start. Het gaat goed, ik ga volle bak bocht vier in,

maar door alle atleten die voor mij door de course zijn gegaan, is de bocht hobbelig en de regen heeft van de sneeuw een ijzige drab gemaakt. Ik blijf met de achterkant van mijn board haken en val achterover. Precies op mijn nek. Ik voel dat al mijn spieren zich samentrekken en verkrampen. Oh, mijn God. Hoorde ik iets in mijn nek? Ik viel echt hard en dokter Peul zei dat ik beter niet op mijn nek kon vallen. Van de schrik blijf ik liggen. Ik moet even bijkomen van de klap. Ik durf mijn hoofd en mijn nek niet te bewegen. Au. Shit. Zit alles nog op zijn plek?
Mikko is snel bij me en helpt me overeind.
"Gaat het", vraagt hij.
"Ik weet niet. Ik geloof het wel", antwoord ik.
Mikko masseert heel rustig mijn spieren een beetje los.
Maarten Moen, de paralympisch arts, komt aangerend. Hij kijkt in mijn ogen. Voelt aan mijn nek.
"Is het nu klaar?", vraag ik vertwijfeld. "Moet ik stoppen?"
Mikko en Maarten stellen me gerust.
"Niet overhaast reageren", zegt Mikko. Weet je wat we doen? Jij gaat straks heel rustig, als allerlaatste, de run verkennen."
Als de laatste atleet klaar is, stap ik terug de course in. Ik slaak een diepe zucht en hervat mijn run. Ik doe voorzichtig. Het gaat goed.

Na de run ga ik nog even naar Maarten. Hij bekijkt mijn nek opnieuw maar ziet niks geks. Hij geeft me diclofenac en morfine om mijn spieren een beetje te laten ontspannen. In het olympisch dorp word ik weer onderzocht. Er wordt een röntgenfoto van mijn nek gemaakt en de Koreaanse artsen zijn stomverbaasd als ze de titaniumconstructie zien. Zoiets hebben ze nog nooit gezien! Ed en ik lachen om hun verbaasde gezichten. Maarten zorgt dat de foto's direct naar dokter Peul worden gestuurd en vraagt wat hij ervan vindt.
"Wilco maakt zich meer zorgen dan ik", zegt Maarten even later. "Maar hij heeft niet gezien hoe jij na je val bewoog en hoe je uit je ogen keek. Ik denk dat er niks aan de hand is. Als je wilt, kun je morgen starten."

Ed en ik denken er net zo over. 's Avonds ga ik nog even naar Maarten. Hij is behalve arts ook mijn vertrouwenspersoon tijdens deze Spelen.

"Wat denk je", vraagt hij. "Zal de val jouw race morgen beïnvloeden?"
Ik kijk hem aan en zeg: "De val niet, maar iets anders wel. Er spelen dingen binnen de ploeg waar ik lastig mee om kan gaan." Tranen springen in mijn ogen.
Hij kijkt me verbaasd aan. "Wat dan?"
Ik snik: "Ik heb de indruk dat sommige mensen het me niet gunden dat ik de vlag mocht dragen. En dat ik maandag van Lisa won. Het zijn niet de atleten, maar het lijkt of de coaches mij het succes niet gunnen. De bondscoach zegt nog steeds dat ik opzettelijk geduwd heb. En vanavond, tijdens het eten, vroeg niemand hoe het met me ging. Ze negeerden mijn val. Ik kan daar slecht tegen, want ik hou van harmonie en die is enorm verstoord."
"Wat vervelend", zegt Maarten. "Wat zullen we hiermee doen? Wil je het aankaarten?"
"Ik wil er nu niks over naar buiten brengen", zeg ik. "Ik wil geen gedoe. Dat zou de prestaties van andere atleten kunnen schaden. Ik heb het er ook met Ed over gehad. Hij is woedend, maar deelt mijn mening. Wij denken aan het grotere plaatje. Dat de atleten goed presteren. Daar gaat het om. Niet om het ego van een coach. Bovendien", zeg ik strijdlustig. "Het wakkert bij mij wel een vuurtje aan. Ze zijn nog niet van me af!"

Als ik wakker word, ben ik stijf. Stijf, zoals je stijf bent na een val. Verder voel ik me goed. Ik ga ervan uit dat alles oké is. Ed en ik rijden met de Finnen naar het Jeongseon Alpine Center. We zitten met zijn vijven in een auto gepropt en zingen keihard mee met Bohemian Rhapsody van Queen. Een heerlijk en ontspannen begin van de dag.
Bij de banked slalom zijn acht deelneemsters. We leggen individueel drie runs af. De snelste tijd geldt. Gisteravond heeft het geregend en daarna is het gaan vriezen. De bovenste laag sneeuw is veranderd in ijs. Schaatsers zouden hier blij mee zijn; snowboarders niet. Door de toestand van de course en omdat ik gisteren gevallen ben, ga ik de eerste run gecontroleerd voorzichtig naar beneden. Ik zet alsnog de snelste tijd neer en dat geeft me vertrouwen. Een prima eerste 'trainingsronde'.
Voor de tweede run zegt Mikko: "Nu rijd je minimaal twee seconden van je tijd af."

"Wat? Minimaal twee seconden?"
"Kom op, Bieb. Je kunt het."
Oké, let's do it!
Het lukt me inderdaad en ik ben super blij. Totdat Lisa drie honderdste onder mijn tijd duikt. Shit. Ze is sneller dan ik. De twijfel slaat toe: Kan ik het nog? Ben ik nog steeds de snelste?
Ed en Mikko zijn heel relaxt. "Niet naar een ander kijken. Concentreer je op jezelf", zeggen ze in koor. "We weten dat jij de snelste bent. JIJ KUNT DIT!"
Ik word er bijna kwaad van, zo relaxed als zij zijn. "Potverdomme", roep ik. "Kunnen jullie me geen schop onder mijn kont geven?"
"Doe waar je goed in bent. Je kunt het, Bieb", zegt Ed nog eens.
Een minuut voor mijn derde race - ik ben al ingestrapt en steun op Mikko zodat ik blijf staan - komt Ed naar me toe.
"Als je rijdt zoals net, haal je brons."
Hè? "Wat zeg je?" Ik begrijp niet wat hij bedoelt.
"Schat! Brittani is nu sneller dan jij en Lisa!"
Potverdorie. Dat laat ik me niet gebeuren. Ed weet dat dit de virtuele schop onder mijn kont is die ik nodig heb. Lisa rijdt na mij, dus ik moet een snelle tijd neerzetten. Ik weet dat ik nog iets over heb, maar ik moet het nu wel doen. Ik heb een strategie uitgedacht en die ga ik perfect uitvoeren!

Het startschot valt. Ik trek weg. Voor de eerste bocht is de course ijzig, vrij hard. Tot nu toe heb ik voor deze bocht lichtjes geremd, maar ik heb gezien dat de mannen dat niet deden. Ik ga het nu ook niet meer doen. Dan heb ik meer snelheid. Ik kom de bocht goed door. Ik ga volle bak en vlieg bijna uit de volgende bocht, maar ik weet hem te houden. Ik blijf staan en ik ga door. Het voelt goed. En vloeiend. Alles gaat zoals ik het met Ed en Mikko besproken heb. Ik voel dat ik een goede run heb en als ik beneden ben, hoor ik mensen juichen. Ik zie de tijd op het bord. Ik ben bijna drie seconden sneller dan Brittani. Yes! Drie seconden is veel. Ik loop naar Brittani en samen kijken we op een scherm naar de race van Lisa. Ik zie dat ze foutjes maakt. Ze staat niet goed op haar board. Dit gaat ze niet redden. Ik durf nog niet te juichen, maar ik denk: ik heb hem. Lisa zet de derde tijd neer. Brittani heeft zilver en ik heb goud!!! Ik ben ongelooflijk blij dat het gelukt is. Ik glimlach van oor tot oor. Wie had dat kunnen denken? Tweemaal goud. Ik kan wel janken van geluk!

Terwijl ik door de NOS word geïnterviewd, zie ik in een ooghoek Ed en Juul aan komen lopen. Ik sluit hen in mijn armen. We zijn alle drie superblij.
"Mijn kleine en mijn grote man. Hier doe ik het allemaal voor", zeg ik tegen de verslaggever.
Even later komt Maarten naar me toe. "Gefeliciteerd", zegt hij. "Het was een goede beslissing om te starten."
De Spelen eindigen met een prachtige sluitingsceremonie, waarbij skiër Jeroen Kampschreur de vlag draagt. Hij won de allereerste paralympische skimedaille voor Nederland. Qua prestaties waren het heel succesvolle Spelen. Met negen atleten nemen we zeven medailles mee naar huis. Drie keer goud, drie keer zilver en één keer brons. Super! Als ik terugkijk op de Spelen, hebben de overwinningen alles goed gemaakt, maar ik heb me geen moment onderdeel van TeamNL gevoeld. Dat vind ik heel jammer. Het had niet zo hoeven zijn.

Op 20 maart landen we om vier uur 's ochtends op Schiphol. We wachten tot alle andere passagiers van boord zijn en dan mogen wij, de paralympiërs, het vliegtuig verlaten. Door een haag van KLM'ers lopen we naar de ontvangsthal. Omdat ik twee gouden medailles heb gewonnen, loop ik - medailles om mijn nek - voorop. In de ontvangsthal staan heel veel mensen. Wat fantastisch! Langzaam begint tot me door te dringen wat de Spelen in Nederland hebben losgemaakt.
Drie dagen later komen de olympische en paralympische sporters, coaches en begeleiders bijeen in de Grote Kerk in Den Haag. We worden toegesproken door vicepremier De Jonge en minister Bruins van Sport. Daarna fietsen de medaillewinnaars gezamenlijk naar paleis Noordeinde, waar we worden ontvangen door koning Willem-Alexander, koningin Máxima en prinses Margriet. Onderweg worden we toegeroepen door het publiek. Het is een gekke gewaarwording dat mensen niet alleen Sven, Kjeld en Irene roepen, maar dat ik ook mijn naam hoor.
In Paleis Noordeinde nemen de koning en de koningin de tijd om met iedereen een praatje te maken.
Willem-Alexander zegt tegen mij: "Zo, dus morgen is de grote dag?"
Ik heb eerst niet door wat hij bedoelt, maar dan valt het kwartje. Ik zat gisteravond in De Wereld Draait Door en toen vroeg André

Mijn steun en toeverlaat, mijn grote liefde in goede en slechte tijden.

Ondanks m'n rolstoel toch meedoen aan Dancing with the stars.

Laila en Bella: de liefste, leukste en mooiste bonusdochters van de wereld.

Met Julian en Edwin tijdens de première van de documentaire LEEF.

Hoe stoer? Mijn eigen Cruyff Court! En nog zelf kunnen openen ook!

Heerlijk: omringd door blije kinderen; mooier wordt het leven niet!

Onze gezamenlijke tattoo.

Verzamel herinneringen in plaats van bezittingen.

van Duin: "Wanneer is de grote dag?"
Ik antwoordde: "Overmorgen. Dan word ik gehuldigd in Loosdrecht."
"Nee, ik bedoel wanneer ga je naar de koning?"
"Oh, de koning. Ja, dat is morgen. Super!"
Edwin zegt lachend: "Volgens mij kreeg je net een standje van de koning, Bieb."

En dan volgt de andere grote dag: de huldiging in Loosdrecht. Edwin, Julian, Laila, Annabella en ik worden thuis met een prachtige, open koets met twee mooie paarden ervoor opgehaald. Langs de route naar het Lindeplein wapperen vlaggen, en zwaaien en toeteren mensen naar ons. Het hele plein staat vol. Er zijn wel een paar duizend mensen. Wauw, niet te geloven dat zij allemaal voor mij gekomen zijn. Heel bijzonder. Julian Hendriks, één van de kinderen die snowboardlessen volgt bij de stichting vertelt wat de Mentelity Foundation voor hem betekent en besluit met de woorden: "Niet alleen je medailles zijn van goud, maar je hart is ook van goud." Wat lief! Nu merk ik pas hoe mensen het mij gunnen en dat mijn prestaties en wat ik het afgelopen jaar heb meegemaakt hen hebben geraakt. Na afloop van de huldiging komen mensen naar me toe en vertellen dat zij in een soortgelijke situatie zitten en dat ze uit mijn verhaal moed putten. Daar ben ik heel blij om. Het is hartverwarmend.
De succesvolle maand maart sluiten we ook mooi af. Tijdens een diner met alle coaches die atleten naar de Olympische en de Paralympische Spelen hebben begeleid, krijgt Edwin de Paralympic Coach Award uitgereikt. Ed en Jac Orie, de coach van Sven Kramer en Kjeld Nuis, zijn de enige coaches die ervoor hebben gezorgd dat hun atleten twee gouden medailles hebben gehaald. Maurits Hendriks, technisch directeur bij NOC*NSF noemt hen 'het neusje van de zalm'. Ed krijgt een mooi bronzen beeld en een grote foto in plexiglas van ons samen, met een tekst erop die geschreven is door Esther Vergeer. Er staat onder andere dat Edwin mij, bij alles wat we hebben meegemaakt, altijd rustig weet te houden en me tegelijkertijd ook - als het nodig is - weet te prikkelen om het beste uit mezelf te halen. Super vet!

De afgelopen maanden is me heel vaak de vraag gesteld waarom ik nu weer zo nodig naar de Spelen moest. Niet alleen door onbekende mensen, maar ook door mensen die mij goed kennen en zelfs door paralympische sporters en coaches. Mijn antwoord: na alles wat ik in de afgelopen jaren en zeker in de afgelopen maanden heb meegemaakt, heb ik genoeg reden om te zeggen: Ik doe het niet meer, ik blijf thuis op de bank zitten. Maar ik kies ervoor om te leven. Elke dag opnieuw. En ik weet dat ik door te sporten mijn lijf zo weerbaar mogelijk maak tegen kanker. Sporten is gezond en sporten is mijn passie. Als ik sport ben ik bovendien een leukere versie van mezelf. Kortom: doordat ik mijn passie volg, houd ik mijn lichaam gezond en daardoor krijgt iedereen de leukste versie van mij te zien. Ik ben op deze manier de beste partner, de beste moeder, de beste dochter en de beste vriendin die ik kan zijn. Als je je passie volgt en doet waar je blij van wordt, ben je de allerleukste versie van jezelf. Dat geldt voor iedereen! Stel dat we tegen de ouders van Chris, Lisa, Ilse, Renske en alle andere kinderen van de Mentelity Foundation hadden gezegd: ze zijn gehandicapt, waarom moeten ze zo nodig snowboarden? Dat was toch doodzonde geweest? Moet je kijken hoeveel plezier ze aan de sport beleven. En dat geldt voor mij ook. Nog steeds! Terugkomend op de vraag waarom ik naar de Spelen ging: mijn gezin stond erachter en mijn artsen vonden het goed. Ik volgde mijn passie en daarmee kwam mijn droom om mijn titel te verdedigen uit. En niet alleen dat: ik won zelfs twee gouden medailles.

Carpe diem

Voor het eerst in bijna 25 jaar heb ik geen sportief doel. Geen wedstrijddata in mijn agenda om naartoe te werken. Toch val ik niet in het spreekwoordelijke zwarte gat, want ik heb genoeg te doen. Ik geef lezingen, motivational speeches, ik werk voor de stichting, geef snowboardles en achter de schermen zet ik me in voor de Paralympische Spelen. Natuurlijk sport ik ook elke dag om mijn lijf zo sterk mogelijk te houden. En voordat ik het weet heb ik ook weer een sportief doel. Ik word gebeld door de redactie van het televisieprogramma *Dancing with the Stars*. Ze vragen of ik wil deelnemen aan het programma. Daar hoef ik niet lang over na te denken: natuurlijk wil ik dat. Ik vind dansen leuk, het geeft me energie en op deze manier kan ik dansen met een beperking onder de aandacht brengen. Ik neem meteen contact op met mijn prothesebouwer Frank Jol en vraag of hij een beenprothese kan ontwikkelen waarmee ik alle dansbewegingen kan maken. Ik heb er zin in!

Tijdens de danstrainingen horen we dat er een tumor op een wervel in mijn onderrug zit, die operatief verwijderd moet worden. De artsen zeggen dat het een vrij simpele ingreep is in vergelijking met de nekoperaties die ik eerder onderging. Ik ga dan ook vol vertrouwen de operatie in. Als ik wakker word, vertelt dokter Dijkstra dat hij tevreden is. De operatie is geslaagd. Dat is goed nieuws, zeg ik, maar ik heb wel een vraag.
"Klopt het dat ik mijn benen niet kan bewegen?"
Dijkstra kijkt verschrikt. Hij doet een paar testjes. Vervolgens krijg ik een MRI- en een CT-scan. Dan blijkt dat ik een partiële dwarslaesie heb. Het blijft een raadsel wat er tijdens de operatie is misgegaan, maar het resultaat is wel dat ik niet meer kan lopen.

Twee maanden later volgt een hersteloperatie aan mijn rugwervel. Na afloop heb ik direct meer gevoel en meer functionaliteit. Ik hoop dat ik op termijn weer kan lopen, maar voorlopig heb ik een rolstoel nodig. Daardoor ben ik binnenshuis beperkt, maar ik kan ook niet meer in het bos wandelen of in de auto stappen en spontaan ergens naartoe rijden. Ik ben een deel van mijn vrijheid kwijt en dat valt me zwaar. Toch wil ik laten zien dat je, hoe groot de tegenslag ook is, het beste uit het leven kunt halen. Dat je bij alles wat je overkomt een keuze hebt. Ik kan kiezen om op de bank te gaan zitten en niks te doen. Of ik kan doorgaan met leven en doen wat ik het liefst doe. En dan kies ik voor leven. Dus wil ik nog steeds meedoen aan *Dancing with the Stars*, maar ik ben bang dat dit niet meer mag. Als ik bel om de situatie uit te leggen, zegt de redacteur tot mijn blijdschap: "Tuurlijk, als jij dat wilt, kun je nog steeds meedoen."

Voordat ik gevraagd was voor *Dancing with the Stars* hadden we al een vakantie naar Barcelona geboekt. Omdat ik zoveel mogelijk wil trainen gaat mijn danspartner Joost mee naar Spanje. Ons eerste optreden voor publiek is op een plein in Barcelona. Joost en ik denken dat we naar een paleis gaan, maar bij aankomst zegt Ed: "Ik heb een verrassing voor jullie. Ik heb een beatbox bij me en ik ga zo jullie nummer draaien. Laat maar zien wat jullie kunnen." Joost en ik kijken elkaar aan. Nee, hè. Moet dat? Hier? Op dit plein? Edwin zet met een grote grijns op zijn gezicht de muziek alvast aan. Ik geloof dat we in dit geval geen keuze hebben. Mijn danspartner en ik gaan naar onze beginpositie en dansen voor honderden toeristen onze openingsdans. We krijgen een staande ovatie. Kippenvel!

Na de vakantie zijn de dagen gevuld met bestralingen aan mijn rug en danstrainingen in Aalsmeer. Ik vind het leuk om mezelf uit te dagen en nieuwe dingen te leren. Het belangrijkste bij rolstoeldansen is het aanspannen van je armen en je core. Als je één spiertje verkeerd beweegt, heeft dat effect op de beweging van de stoel. Met mijn dans probeer ik de rolstoel te laten verdwijnen, zodat het publiek straks de dans ziet en niet de rolstoel.

Vlak voor de eerste live show moet ik weer onder het mes. Tijdens de ingreep zien de artsen dat er een snelgroeiende tumor op een rugwervel zit, die binnenkort operatief verwijderd moet worden. Pffff. De kanker komt steeds sneller en op verschillende plekken terug. Dat vind ik eng. Toch wil ik doorgaan met de danswedstrijd. De doelen die ik stel geven me een puntje aan de horizon. Mijn doelen zijn nu: opnieuw leren lopen, uit die stoel komen en genieten van de danstrainingen.

Zodra het kan, hervatten Joost en ik de training. Bij elke show komen we een ronde verder en we halen zowaar de finale. Wie had dat gedacht? Ondertussen heb ik weer heftig nieuws gekregen. Neuroloog Wilco Peul keek *Dancing with the Stars*, zag mij hélemaal naar achter buigen en dacht: dat gaat niet helemaal goed met die wervel. Hij waarschuwde: "Als je teveel achterover gaat, kun je een complete dwarslaesie krijgen." Weer heb ik een keuze: thuis op de bank naar de finale kijken of meedoen. Ik doe mee! Dansen geeft me energie. En tijdens de dans kan ik in het moment leven. Dat is mijn overlevingsstrategie. Je kunt het struisvogelpolitiek noemen, maar voor mij werkt het. Ik geniet enorm van de wals die Joost en ik tijdens de finale opvoeren. Ik wilde iets moois neerzetten en dat is gelukt. Samantha Steenwijk wint de finale. Wij worden tweede. Ik ben trots. Wat een heerlijk avontuur was dit!

Kort na de finale staat mijn vierde rugoperatie van dit jaar gepland. Twee jaar geleden was ik nog bezig met topsport. Nu merk ik dat mijn conditie achteruit gaat. Rechtop zitten kost me al veel energie. Mijn lijf doet pijn. Mijn ribbenkast is beurs. Het voelt alsof mijn skelet aan het instorten is. Tijdens de voorbespreking geeft dokter Peul aan dat mijn lichaam verzwakt is door de eerdere operaties dit jaar, waarbij 15 van de 24 wervels zijn vastgezet. Operaties van acht tot twaalf uur, met ruim twintig uur narcose. Hij vreest dat mijn hart het kan begeven. Dat kan zowel tijdens de operatie of in de 48 tot 72 uur erna gebeuren. De artsen raden reanimatie af, want als je een gezond persoon reanimeert is er al grote kans dat er een paar ribben breken. Als ze mij gaan reanimeren breken waarschijnlijk al mijn ribben én mijn rugwervel. Dan ben ik een kasplantje. We besluiten dat, als mijn hart het begeeft, we niet zullen reanimeren maar de vraag is wat Edwin gaat doen als ik een hartstilstand krijg. Peul is bang dat hij uit liefde zal proberen om mij in leven te houden.
Edwin: "Bij wél reanimeren zou ik het puur voor mezelf doen. Uit liefde voor Bieb zal ik het juist niet doen." Hij kijkt me aan. Ik zie dat hij het er moeilijk mee heeft, maar hij houdt zich sterk om mij te beschermen. Gelukkig komt het niet zover. Mijn hart blijkt sterk genoeg en een week na de operatie rijden we naar huis. We gaan samen kerst vieren. En hopelijk niet voor de laatste keer, zoals de artsen vrezen.

In het nieuwe jaar krijg ik andere medicijnen. De kanker lijkt door deze medicijnen minder snel te groeien en ik voel me sterker worden. Om weer te kunnen lopen revalideer ik, samen met Ed, drie keer per week in het zwembad van het Friendship Sports Centre in Amsterdam. Ik train hard en in maart zet ik mijn eerste stapjes in de loopbrug. Dit zijn de eerste passen die ik na een jaar weer kan zetten. Dat voelt als een overwinning. Na weer een paar maanden revalideren lukt het me zelfs om achter de rollator honderd meter te lopen en kan ik - met een speciale bus waar ik met mijn rolstoel via de achterkant in kan rijden - ook weer autorijden. Nu hoef ik anderen niet meer te vragen of ze me ergens naartoe kunnen brengen. Het voelt fantastisch om weer onafhankelijk te zijn.

Ondertussen is het land vanwege het coronavirus in lockdown. Door de pandemie zijn we als gezin veel samen. We koken, eten en spelen spelletjes. En ik blijf bezig voor de stichting. We hebben een nieuwe prothese laten ontwikkelen. Met de JUMP, de Junior Modulaire Prothese, geven we kinderen en jongvolwassenen met een lichamelijke uitdaging de mogelijkheid om weer te spelen en te sporten met hun valide vriendjes. Van de verzekering krijgen zij maar één beenprothese in drie tot vijf jaar vergoed. Ze kiezen vaak een loopprothese, maar hiermee kunnen ze niet echt spelen, ravotten en rennen. Laat staan sporten. Om te sporten of een keer hoge hakken te dragen hebben ze meerdere, verschillende voeten nodig. De JUMP is een beenprothese met meerdere voeten die je gemakkelijk kunt wisselen. Hiermee hebben ze de mogelijkheid om alles te doen en een volwaardig leven te leiden.

Helaas krijg ik door het lopen last van een rugwervel. Bij de operatie waarbij ik verlamd ben geraakt is botcement geplaatst, waarvan nu waarschijnlijk een stukje is afgebroken. Dat snijdt in een zenuw en doet vreselijk veel pijn. In december word ik geopereerd. Ook die operatie doorsta ik en ook deze kerst brengen we met het gezin door. Ik zit, zoals Juul op onze trouwdag zei, in de verlenging. En we hopen met zijn allen op nog veel meer verlengingen.

Kort nadat Ed en ik in 2016 hadden gehoord dat de artsen niks meer voor me konden doen, kwam Ed de trap afstormen.

Ik zag paniek in zijn ogen.
"Wat is er", vroeg ik geschrokken.
"Ik ben mijn trouwring kwijt", zei hij.
"Je bent hem wel vaker kwijt schat", probeerde ik hem gerust te stellen. "Hij zal wel boven liggen."
"Nee echt niet. Ik heb overal gezocht. Hij is nergens."
Samen zochten we op alle logische en onlogische plekken, maar we konden de ring nergens vinden. Toen we echt niet meer wisten waar hij zou kunnen liggen, zei Ed: "Ik ben het zat. Ik wil je altijd bij me hebben. Ik wil een tatoeage. Volgende week laten we samen een tatoeage zetten."
"Een tatoeage? Dat vind ik nogal wat", zei ik.
"Het was geen vraag. We gaan het gewoon doen", zei Ed lachend.

's Middags vond ik zijn trouwring. Ondertussen dacht ik na over een tatoeage. Ik heb altijd wel iets gehad met tatoeages en als er een goed moment was om er eentje te laten zetten, dan was het nu. Ik dacht na over een afbeelding. Een lotusbloem of een levensboom? Een lotusbloem vind ik mooi en een levensboom staat symbool voor het leven. Of iets met carpe diem? Ik heb een kettinkje en armbanden waarop dat staat. En ik zeg het ook heel vaak: carpe diem. Pluk de dag! Het past heel erg bij mij. Ja, dat is het. Twee weken later lieten Ed en ik de tekst aan de binnenkant van onze pols zetten.

Er wordt altijd gezegd dat als je één tatoeage hebt, de stap om de volgende te laten zetten kleiner is. En dat bleek bij mij ook zo te zijn. Twee maanden nadat Ed en ik de tatoeage hadden laten zetten, zag ik een afbeelding van een klein hartje. Het leek mij super tof om die op mijn enkel te laten zetten. Ik appte de afbeelding naar mijn vriendinnetje Eva.
"Ik vind hem zo schattig", schreef ik. "Zo lief. Wat vind jij ervan?"
Ze appte dat ze hem erg leuk vond. Twee dagen later belde ze.
"Bieb, stommerd", zei ze quasi verontwaardigd. "Ik heb nu al twee dagen dat hartje in mijn hoofd zitten. Ik krijg het er niet uit."
"Dan nemen we hem toch samen", reageerde ik. "Jij en ik.
Op eeuwigdurende vriendschap."
"Ik durf het niet", zei ze. "Maar hij is wel heel schattig."
Een maand later lieten Eef en ik allebei een hartje op onze enkel zetten. Maar dat was voorlopig mijn laatste tatoeage, hoor!

Verzamel herinneringen, in plaats van bezittingen

Februari 2021 - Ed en ik gaan voor een controle naar het Leids Universitair Medisch Centrum. Dokter Peul zegt dat mijn botten er goed uitzien. Mijn skelet is stabiel en mijn nek is schoon. Yes! Vervolgens gaan we naar de oncoloog. Dokter Gelderblom vertelt dat de plekjes op mijn longen ook stabiel zijn. Wauw, dit is allemaal goed nieuws! We willen bijna vertrekken, als ik zeg dat ik nog een klein dingetje heb. "Ik heb wat last van mijn ogen."
Ik krijg een verwijzing voor oogtesten, en mijn gezichtsveld wordt onderzocht. Daaruit blijkt dat mijn ogen goed zijn. Wat kan het dan zijn? Iets in de hersenen? Een tia? Of een bloeding? Ik krijg een hersenscan en dan blijkt dat er diverse uitzaaiingen in mijn hersenen zitten. Shit. Kut kanker! Dit is echt heftig. Hoe gaan we dit aanpakken? Wat wordt het behandelplan?

Opereren blijkt geen optie, dus zitten we een paar dagen later in de VU om scans en een bestralingsplan te laten maken. Op vrijdag heb ik een afspraak om een bestralingsmasker te laten aanmeten, maar ik voel me zo beroerd en heb het zo benauwd dat we afzeggen.

'S Middags belt Wilco Peul. Hij vraagt of we thuis zijn en of hij langs mag komen. Shit, dat klinkt niet goed. "Er zitten meerdere tumoren in je hoofd", vertelt Peul. "Opereren is geen optie", herhaalt hij. "Het zijn te veel plekjes en er is een grote kans op bloedingen. Bestralen kan in mijn optiek ook niet, want er zijn te veel uitzaaiingen. De risico's zijn groter dan de te verwachten resultaten. Maar het is jullie beslissing of jullie toch willen bestralen."
Aan het einde van zijn bezoek zegt Peul dat hij is geschrokken hoe ik eraan toe ben en dat hij bang is voor een acute hersenbloeding of verstikking. Hij raadt aan Julian, Laila en Bella naar huis te laten komen om afscheid te gaan nemen. 's Avonds vertellen we aan de kinderen hoe het er voor staat. Er zijn natuurlijk dikke tranen. Maar al snel herpakken we ons, delen herinneringen en lachen.

We realiseren ons heel goed dat ik in 2016 al was opgegeven. Elke keer was er een nieuw behandelplan, maar nu niet meer. We spreken af dat, hoe het leven ook mag lopen, of het lang of kort duurt, wij blijven genieten van de dag. Van élke dag.

Ed en ik bespreken de mogelijkheid van bestralen. Wat brengt bestraling nog? Wat zijn de risico's? Hoeveel tijd win je daar eventueel nog mee? De vorige keer werd ik heel moe en kreeg ik erge hoofdpijn van de bestralingen. Toen ging het om mijn nek, nu om mijn hersenen. De bijwerkingen kunnen nu nog erger worden. We komen tot de conclusie dat bestralen geen toegevoegde waarde heeft en bellen radiotherapeut Max Dahele om ons besluit te delen.
Ik wind er geen doekjes om: "Ik denk dat we uitbehandeld zijn, Max."
Ik hoor hem slikken. "Ik weet niet of ík daar aan toe ben, Bibian. Of ik uitbehandeld ben. Ik wil je graag meer tijd geven."
"Je hebt me vijf jaar extra gegeven door de bestralingen in 2016. Ik was al opgegeven, maar ik heb nog vijf heel mooie jaren gehad. Bedankt daarvoor. Ik heb een heel mooi leven gehad. Ik heb zoveel liefs en moois om me heen. Daar zou ik nog veel langer van willen genieten, maar het is wat het is. Wij hebben er vrede mee."
Het voelt wel heel definitief nu ik dit hardop zeg. Bestralen was de allerlaatste optie, de laatste strohalm. Maar het is niet anders. Voor het eerst worden we emotioneel. Ed huilt. Max huilt. En ik huil ook.

In het weekend voel ik dat ik hard achteruit ga. Ik krijg het steeds benauwder en kan niet eens meer mijn bed uit om naar de wc te gaan. Elke keer als ik rechtop probeer te zitten, krijg ik het enorm benauwd. Op maandag gaat het echt goed mis. Ik probeer toch naar de wc te gaan, maar moet halverwege terug naar bed. Ik ben drijfnat van het zweet en mijn hartslag is veel te hoog. Terug in bed krijg ik steeds minder lucht en ik raak helemaal in paniek, waardoor ik nog sneller ga ademen en nog benauwder word. Ik heb het gevoel dat ik ga stikken. Is dit einde? Edwin hoort me en komt naast me liggen. Ik zie de rust in zijn ogen. Hij trekt me tegen zich aan, en aait door mijn haar. "Rustig lieverd, adem maar met mij mee. Heel rustig. Kleine teugjes. Adem alsof je door een klein rietje ademt. Adem in, adem uit." Zijn stem en zijn ademhaling maken me rustig en ik voel langzaam weer wat zuurstof mijn longen instromen. Voor mijn gevoel liggen we uren tegen elkaar aan, terwijl hij met me mee blijft ademen.

Nadat ik het zo benauwd kreeg, ben ik in slaap gevallen. Als ik wakker word ligt Ed met een grote glimlach naar me te kijken. Hij vertelt dat hij helemaal niet zo rustig was, en bijna de neusspray had gepakt om palliatieve sedatie toe te passen. Na het toedienen van de neusspray zou ik waarschijnlijk nooit meer wakker zijn geworden. Tranen schieten in zijn ogen bij de gedachte dat hij bijna deze keuze had gemaakt. Gelukkig voel ik me nu beter. Ik ben niet benauwd en de antibiotica en dexamethason die ik slik, lijken aan te slaan. Dexamethason is een pijnstiller die ook de zwelling van tumoren tegengaat en het is een upper, je wordt er blij van. Ik slik één keer vier milligram per dag; het maximum is vier keer vier milligram. Daarnaast slik ik acht paracetamol en 100 tot 120 milligram morfine. Ondanks de medicijnen heb ik pijn aan mijn rug, maar het is dragelijk. Ik slik geen medicijnen meer om de groei van de tumoren in mijn botten, longen en hersenen tegen te gaan.
We weten niet sinds wanneer er uitzaaiingen in de hersenen zitten, en dus ook niet hoe snel ze groeien en hoe het verder gaat. Als ik steeds bang ben dat ik ga stikken, hoeft het van mij niet meer. En als ik een zware hersenbloeding krijg en een kasplantje word, wil ik ook niet meer. Dan wil ik euthanasie. Stel dat mijn ogen achteruitgaan en ik word blind, maar ik kan nog wel horen, praten en voelen; dan wil ik blijven leven. Met Ed heb ik afgesproken dat, als ik niet meer kan aangeven wat ik wil, het klaar is. Stelt hij mij de vraag en ga ik driftig nee schudden, dan wil ik door. Als ik geen reactie geef, dan wil ik niet meer en belt hij de huisarts. Ik heb er vrede mee als ik volgende week niet haal, maar ik hoop stiekem op nog één mooie zomer.

Het nieuws dat ik uitbehandeld ben is naar buiten gekomen. Het staat in alle kranten en online. Edwin had met Humberto Tan afgesproken om zondagavond in zijn televisieprogramma te vertellen hoe het ervoor staat, maar het nieuws is dus al uitgelekt. Er komen meteen vragen of het congres van komende dinsdag doorgaat. Het thema is winnaarsmentaliteit. Op dit moment voel ik me goed en wil ik heel graag dat het doorgaat. Vanwege corona is het een online evenement, met in een studio onder andere sprekers Mark Tuitert, Prins Constantijn, professor Erik Scherder en Ed. Ik spreek via een online verbinding. En ik geniet. Ed ging zoals afgesproken naar het televisieprogramma van Humberto en kreeg later de vraag waarom hij in de studio zat en niet bij mij thuis en waarom we wilden dat het congres doorging. Ons antwoord: waarom niet? Als we dat niet doen, stoppen we met leven. Ik wil tot het laatst mensen helpen en inspireren. Ik zit niet te wachten totdat ik doodga. Ik leef! Als het over de dood gaat, leven mensen vaak in angst; ze kijken achterom, leven met de rem erop. Dat doen wij niet. Het leven is angstig, maar je hoeft niet vanuit angst te leven. Het leven is alsof je van een hoge berg af springt en dan hoopt dat je niet dood neervalt als je neerkomt. Maar dat doe je natuurlijk wel. Dat is het leven. Je weet dat je gaat crashen, maar je weet niet wanneer. Dan kun je maar beter genieten van de vlucht. In mei 2016 kreeg ik te horen dat de artsen in Leiden niks meer voor me konden doen. Ze zeiden: 'Vertel je kinderen maar dat je dood gaat.' Als we vanaf toen in angst hadden geleefd, hadden we vijf jaar in angst gezeten. Maar we hebben genoten. Tuurlijk huilen we ook wel eens. Dan huilen we een half uurtje heel hard en eindigen we vaak met de slappe lach. We leven bij de dag en maken elke dag nieuwe herinneringen. Ik neem ook geen afscheid van mensen die op bezoek komen. Ik zeg steeds: 'Tot de volgende keer.' Omdat we niet weten hoelang het duurt, is er een kans dat we elkaar nog zien.

Nu het nieuws bekend is, krijgen we zoveel lieve berichtjes. Kaarten, brieven en berichten via social media. Mensen die laten weten dat ik hen door een zware tijd heb getrokken, een vrouw schreef dat ze haar dochter Bibian heeft genoemd en een meisje van zestien zei dat ze haar leven heeft omgegooid door mij. Mensen doneren geld en starten acties om op die manier geld in te zamelen voor de Mentelity Foundation. Gister stond er een man voor de deur die een brief bracht van prinses Margriet. Ze bedankte mij, ook namens de koning, voor alles wat ik gedaan heb. Ook kreeg ik een brief van Tamara van Ark, de minister voor Medische Zorg en Sport, en eentje van de directeur van de International Paralympics Committee. Hij bedankte me voor alles wat ik heb gedaan voor de sport. Hij noemde me het fundament, het zijn van de IPC. Het is echt bizar wat het nieuws losmaakt. Ik word overstelpt met liefde.

Ik lig tachtig, negentig procent van de tijd in bed. We kijken veel Netflix en picknicken in en rond het bed. Gelukkig kan ik weer zelfstandig douchen en met de rolstoel naar de wc. Ik ben erg afgevallen, ik weeg nog maar vijftig kilo. Mijn armen zijn heel dun geworden en de coördinatie is weg. Mijn ogen zijn dus oké, maar door de tumor op mijn gezichtsveld kunnen mijn hersenen het beeld niet plaatsen en is het alsof ik de wereld door een lachspiegel zie. Daardoor herken ik mensen soms niet direct; en lezen en schrijven lukt niet meer. Ed leest alle kaarten, brieven en online berichten voor. Vanochtend las hij zelfs een brief van een oud vriendje voor, die in geuren en kleuren onze eerste zoen beschreef. We hebben er samen kostelijk om gelachen.

Mama en de kinderen komen elke dag langs. Soms een kwartiertje, soms een paar uur. En gisteren voelde ik me goed genoeg om bij De Hoogstraat Revalidatie mijn eigen Bibian Mentel Cruyff Court te openen. Hier kunnen jongeren en volwassenen revalideren. Ik vind het fantastisch dat ik dit nog heb kunnen doen. Straks gaat Ed bij een vriend borrelen en eten en Eva komt bij mij op bezoek. Het is een bijzondere tijd. Ik heb mooie gesprekken met vriendinnen, met de kinderen, met mijn moeder en met Ed. We maken elke dag nieuwe herinneringen. Dat je op zo'n manier afscheid kunt nemen is wel bijzonder. In plaats van dat je uit het leven wordt gerukt.

Ik heb altijd gezegd dat ik graag wilde meemaken dat Julian achttien werd. Dat is gelukt. In februari is hij achttien geworden. Natuurlijk is het nog steeds veel te vroeg dat ik er binnenkort niet meer voor hem kan zijn, maar het geeft me rust dat hij geen twaalf of dertien meer is. Hij kan zijn eigen beslissingen nemen, hij kan voor zichzelf zorgen. En hij heeft Ed en zijn vader. Ik wil Ed en de kinderen geen verdriet doen, maar ik weet dat ik dat toch ga doen. Dat vind ik moeilijk. Ed zegt: 'Als jij er niet meer bent, stort ik wel in. Dat ga ik nu niet doen.' En dat doet pijn, want dan wil ik er juist voor hem zijn en dat kan dan niet meer. Ik wil echt dat hij doorgaat met leven als ik er niet meer ben. En dat hij na mijn overlijden zo snel mogelijk een vrouw krijgt. Nou ja, niet een dag later, maar ik gun hem weer een vrouw die hem liefde geeft en met wie hij gelukkig kan zijn. Ik ben blij dat Ed zich blijft inzetten voor kinderen en jongvolwassenen met een lichamelijke uitdaging. Hij heeft mijn beste vriendinnen Anouk, Eva, Meriyem,

Jakomijn en Maartje gevraagd of ze hem willen helpen om mijn droom te bewaken, en dat hebben ze toegezegd. Zij vormen nu het bestuur van de stichting.

Ik ben niet bang voor de dood. Ik geloof niet in een god, een hiernamaals of reïncarnatie. De laatste tijd denk ik wel dat je misschien na je dood in een nieuwe dimensie komt waar niemand van weet. Toen we geboren werden, wisten we dat immers voor die tijd ook niet. Je wordt ineens geboren in een nieuwe dimensie. Er zijn dingen die wij als mens niet kunnen weten of bevatten. Misschien is er wel iets na de dood? Het geeft me rust om dat te denken. Mijn afscheid heb ik niet geregeld. Dat laat ik aan Ed en Juul over. Ik ben er niet bij, dus zij moeten het invullen op een manier die zij mooi vinden. Zij bepalen ook wie ze erbij willen hebben. Ik weet dat ik gecremeerd word en dat ze op termijn mijn as willen uitstrooien op een mooie bergtop.

Julian komt bij me op bed zitten. "Mama, ik wil met jou samen een tattoo." "Wat een goed idee, lieverd", zeg ik. "Dat gaan we doen." Ed: "Mag ik ook meedoen?"
Dat mag. Edwin regelt dat er een tattoo artist bij ons thuis komt. We laten alle drie een levensboom met drie stipjes eronder en een stippellijn erboven op onze onderarm zetten. De levensboom staat voor leven. De drie stipjes voor verbondenheid en de stippellijn voor het levenspad dat ieder van ons bewandelt.
Ha, het klopt dus dat, als je één tatoeage hebt, de stap om de volgende te nemen kleiner is. De afgelopen vijf jaar heb ik er vier laten zetten. Carpe Diem met Ed, het hartje met Eef, een sneeuwvlokje voor mezelf en nu de levensboom met Juul en Ed. De tatoeages vatten precies samen wie ik ben en wat ik wil uitdragen. Pluk de dag! Leef in het nu. Maak je geen zorgen over dingen die je niet kunt veranderen, volg je passie en stop eens lekker je kop in het zand. De levensboom staat voor het leven, voor groei en het omgaan met uitdagingen. Bij elke storm groeien de wortels dieper. Het sneeuwvlokje staat symbool voor mijn passie, snowboarden. Het hartje voor liefde. Er is toch niets belangrijker dan dat? Liefde voor jezelf, voor je naasten en voor het leven. Wees blij met wat je hebt. Haal het beste uit jezelf.
Geniet van het leven; van de zon op je gezicht en ook van de wind als die een keer tegenzit. Kijk naar mogelijkheden in plaats van naar beperkingen.

"Volg je passie"

"Verzamel herinneringen in plaats van bezittingen"

"Wees een beetje lief voor elkaar"

LEEF!

NAWOORD

Bedankt

Dank aan uitgever **Splint Media** die mijn verhaal wilde uitgeven. Bianca Krijnen-Splint stuurde mij in mei 2017 een mail, waarin ze schreef dat ze heel benieuwd was hoe ik na zoveel tegenslag nog zo positief in het leven kan staan. We maakten een afspraak en tijdens onze eerste ontmoeting besloten we dat we mijn verhaal wilden opschrijven en publiceren.
Dank aan de schrijfster van dit boek, **Lutske Bonsma**. Na een kennismakingsgesprek schreef Lutske een proefopdracht, die Edwin en mij ontroerde. We hadden er alle vertrouwen in dat we dit avontuur samen tot een goed einde gingen brengen. Zonder haar had er geen letter op papier gestaan.

Dank aan de **verpleegkundigen** van het VU Medisch Centrum in Amsterdam en het Leids Universitair Medisch Centrum voor de liefdevolle en professionele verzorging tijdens mijn verblijven in het ziekenhuis. Dank aan alle **artsen** voor hun inzet, betrokkenheid en deskundigheid.
Julian, Julz, mijn juweel. Bedankt dat je mijn allerliefste zoon bent. Bedankt voor alle steun en alle heerlijke knuffels. Jij bent mijn grootste geluk, mijn drijfveer. IK HOU VAN JOU.
Annabella en Laila, bedankt voor jullie steun en lieve woorden. Jullie zijn de allerliefste bonusdochters die een moeder zich kan wensen.

Mama, bedankt voor alle uren die je aan mijn bed zat. En bedankt dat ik bij jou nog steeds een klein meisje mag zijn.
Dank aan alle andere lieve **familieleden, vrienden en onbekenden** die mij steunen in zware tijden en met mij - ongeacht de omstandigheden - genieten van het leven.
En last but not least: dank aan **Edwin**. Dank dat je me door het schrijfproces van dit boek hebt gesleept. Maar vooral bedankt dat je al zestien jaar mijn maatje bent, mijn allessie. Niet alleen op de hoogste pieken, maar ook in de diepste dalen ben jij mijn veilige haven.